CHARLES UND KRISTINA CALVERT
Philosophieren mit Fabeln

Unseren Kindern und unseren Eltern

Charles und Kristina Calvert

Philosophieren mit Fabeln

Dieck-Verlag

Die Deutsche Bibliothek – CIP-Einheitsaufnahme

Calvert, Charles:
Philosophieren mit Fabeln / Charles und Kristina Calvert. - Heinsberg : Dieck, 2001
   ISBN 3-89803-169-1

© 2001 Dieck-Verlag, Heinsberg

ISBN 3-89803-169-1

Alleinvertrieb: Buchhandlung Elke Dieck
Richard-Wagner-Str. 1, D-52525 Heinsberg, Tel. 0 24 52 / 60 41, Fax 0 24 52 / 6 65 94,
e-mail: agentur-dieck@t-online.de, www.dieckbuch.de

Inhalt

Vorwort von G. B. Matthews 6

Philosophieren mit Fabeln 7

Philosophieren mit Kindern 8
Diskursive Zeichen 10
Präsentative Zeichen 10
Mit Kindern über Fabeln philosophieren 13
Medien und Methoden des Philosophierens mit Fabeln 14
    Medium Spiel 15
    Medium Text 15
    Medium Bild 15
    Medium Gespräch 16
    Medium Szenische Interpretation 18
    Medium Kreatives Schreiben 19
    Medium Begriffsmolekül 20
    Medium Internet 20

Die Fabeln

Die Gans 22
Wie der alte Löwe sich an der Zeit bereichern wollte 24
Der Fuchs und der Panther 26
Der Bock im Brunnen 28
Der Adler und die Füchsin 30
Der Fuchs und der Rabe 32
Ein Esel und ein Löwenschädel 34
Die zwei Vögel auf einem Baum 36
Das Storchenland 38
Die Frösche 40
Die Welle und das Ufer 42
Der Tiger, der die Elefanten um Hilfe bat 44
Der Stier und die Wildziegen 46
Die beiden Hunde 48
Vom Tiger unter den Schafen 50
Wie die Schildkröte ihren Panzer bekam 52

Anmerkungen und Bibliographien 54
Biographien 55

Vorwort

Philosophieren mit Fabeln stellt uns eine faszinierende und herausfordernde Fortentwicklung der Idee der Kinderphilosophie vor. Besonders wichtig ist Kristina Calverts Weiterentwicklung der Idee, dass man die Philosophie der symbolischen Formen von Ernst Cassirer und Susanne Langer auf das Philosophieren mit Kindern anwenden könnte. Dies hat Calvert sehr gründlich, phantasievoll und exemplarisch ausgearbeitet.
Durch ihre Arbeit wird klar, dass die Gestaltungsmöglichkeiten für die Kinderphilosophie erheblich größer und mannigfaltiger sind als bisher gedacht.

Revolutionär ist der Gedanke, dass man sogar mit den einfachsten Erzählungen der Literatur, den Fabeln, gut philosophieren kann. Aber dieses Buch ist eben der Beweis dafür.

Wesentlich dabei ist die Tatsache, dass die symbolischen Formen, worum es hier geht, auch in lebendigen Zeichnungen von Charles Calvert dargestellt werden.

Philosophieren mit Fabeln ist ein tolles Buch – für Lehrer, für Kinder, für uns alle!

Gareth B. Matthews

Philosophieren mit Fabeln

Die Fabel hat als Textgattung eine 3000 Jahre alte Tradition. Sie gehört zur sogenannten Lehrdichtung. Lehrdichtung bedeutet, dass meist eine „Lehre" mittels einer Tierhandlung präsentiert wird. Die Lehre wird durch das Bild der Tierhandlung dargestellt, wobei es sich immer um einen auf das menschliche Leben bezogenen Fall handelt. Rousseau beklagte diese schrecklichen Lehren für Kinder und vermutete sogar, dass Kinder im Grundschulalter nicht in der Lage seien, den Spiegelbildcharakter der Fabel zu entdecken und man den Kindern mit der „existenziellen Härte", die beispielsweise in der Fabel von der Grille und der Ameise geschildert wurde, schaden würde. Hegel geht noch weiter und nennt die Fabel das Vehikel einer Sklavenmoral – dazu muss man wissen, dass Phaedrus und Aesop, die als Urväter der Fabel gelten, Sklaven waren, die nicht offen sagen durften, was sie dachten. Luther nutzt die Fabel, um zur Wahrheit zu betrügen. Ganz sicher soll beim Philosophieren mit Kindern weder einem Kind Schaden zugefügt werden, noch soll devotes Verhalten geübt werden, und vor allem soll kein Kind zu einer Wahrheit betrogen d.h. manipuliert werden.

Vor allem Lessing entkräftet als Erster die Bedenken, die man gegen die Fabel als Medium zum Philosophieren haben könnte. In der Zeit der Aufklärung ist es vor allem er, der durch seine Fabeldidaktik die Gattung für den Unterricht rehabilitiert. Durch die Fabel soll die Vernunft geweckt werden, so kann man Lessings Grundsatz zusammenfassen. Mit Fabeln – so deckt sich sein Anspruch mit dem des Philosophierens mit Kindern – kann man durch die knappe, bildhafte Geschichte, dessen Handlung auf den Menschen übertragen werden kann, zu philosophischen Auseinandersetzungen anregen. Dabei ist der Grad an inhaltlicher, philosophischer Anknüpfbarkeit der Fabel durch ihren „Sitz im Leben" bestimmt. Dieser Sitz im Leben wird durch ihren heuristischen Nutzen – Neues entdecken – und ihre analogische Erfindungskraft bestimmt.

Die Fabel in das Zentrum des Philosophierens mit Kindern zu stellen ist neu. Bislang stellten Märchen, klassische philosophische Texte, extra für das Philosophieren geschriebene Novellen oder Kindergeschichten die Initiatoren für das Philosophieren mit Kindern dar. Dieses Buch soll diese literarische Reihe um die Textgattung „Fabel" erweitern und vor allem eine Sammlung an Fabeln mit einigen methodisch-didaktischen Hinweisen anbieten.

In vier Kapiteln, die sich thematisch an den vier großen Fragen der Philosophie orientieren: Was kann ich wissen? Was soll ich tun? Was darf ich hoffen? Was ist der Mensch? werden jeweils vier Fabeln vorgestellt.* Jede

---

* Dabei orientiert sich die Fabelsammlung am Lehrplan „Philosophieren mit Kindern" aus Mecklenburg-Vorpommern

Fabel ist von einem Bild begleitet, das das Thema der Fabel aufnimmt und pointiert. Das Bild dient neben der Fabel als eigenständige Grundlage für das Philosophieren, d.h. man kann sowohl das Bild als auch die Fabel zum Anlass für bedeutungsvolle Gespräche mit Kindern nehmen. Zu jeder Fabel wird zudem ein Angebot zu methodischen Möglichkeiten des Philosophierens mit Fabeln unterbreitet. Ich möchte betonen, dass diese methodischen Hinweise ein Gerüst sind – ein Angebot – wie man mit den Fabeln / Bildern anfangen könnte zu philosophieren, nicht aber eine Vorschrift darstellen, an die man sich sklavisch halten muss. Das Philosophieren mit Kindern soll sich immer an den Bedürfnissen und Fragen der Kinder orientieren und nicht an den Anweisungen eines Buches.

Um für Eltern, Erzieher, Lehrer, Anleiter klarer zu machen, warum und wie man mit Fabeln philosophieren kann, möchte ich in drei Schritten das philosophisch-pädagogische Konzept des Philosophierens vorstellen.

Zu Beginn steht das hier zu Grunde liegende Konzept des Philosophierens mit Kindern. Auch Neulinge beim Philosophieren mit Kindern können sich so eine Vorstellung vom Philosophieren machen.

Daran anschließend wird erläutert, inwiefern sich gerade die Fabel als Medium eignet, um mit Kindern zu philosophieren.

Zum Schluss werden die einzelnen Medien des Philosophierens beleuchtet, um zu zeigen, worin ihr besonderes Potenzial für das Philosophieren besteht.

Philosophieren mit Kindern

In Platons Dialog Menon diskutiert der Philosoph Sokrates mit dem jungen thessalischen Edelmann Menon, der mit Gefolge in Athen zu Gast ist, über die Tugend. Sokrates interessiert sich nicht dafür, was von irgendwem zu irgendeiner Zeit als „Tugend" bezeichnet wurde, ihn interessiert das Wesen der Tugend – die Tugend an sich und für sich.

Kinder im Grundschulalter interessieren sich nicht nur für die Frage, wie Dinge ihrer direkten wahrnehmbaren Umgebung funktionieren. Sie stellen auch Fragen, die darüber hinaus die Bedeutung der Dinge, wie z.B. die Frage nach dem Wesen von Tod, Gott, Glück oder Leben erforschen wollen. Sie stellen die Frage nach dem „an sich und für sich".

Wie ein Fahrrad funktioniert, lernen Kinder schnell. Die Schule hilft dabei, indem sie ihnen methodisch-didaktisch aufbereitete Informationen anbietet. Die Frage danach aber, was das Fahrrad zum Fahrrad macht, ist eine philosophische Frage genau wie die nach dem Wesen von Glück oder Gott. Eben bei letzteren Fragen setzt das „Philosophieren mit Kindern" an. Die weltweit verbreitete Richtung der „Kinderphilosophie" ist Philosophy for children, P4C. Die Philosophie für Kinder entwirft einen eigenen Wissenschaftskanon der zu vermittelnden philosophischen Inhalte. Dieser Kanon wird a priori gesetzt, wobei als wesentliches philosophisches Denken das synthetische Denken, d.h. die Fähigkeit in logisch-diskursiven

Begriffen zu denken, definiert wird. Brüning macht deutlich, was damit gemeint ist. Ich zitiere:

> *Die Entwicklung synthetischer Denkfähigkeiten bedarf der Zwischenschritte:*
> - *Analythisches Denken*
>   *(Zerlegen von Meinungen, Begriffen in wesentliche Bausteine)*
> - *Kreatives Denken*
>   *(Kombination der zerlegten Bausteine zu neuen Denkgebilden)*
> - *Selbstkorrigierendes Denken*
>   *(Überprüfung der Resultate und Methoden des Nachdenkens)*
>
> *(...) Die durch analytische Denkprozesse zergliederten kleineren Einheiten sollen dann in kreativen Denkprozessen zu neuen Ideen, Argumenten und Meinungen kombiniert werden, die im Gegensatz zu den ursprünglichen Gedanken einen hohen Grad an Komplexität und Verallgemeinerung aufweisen und sozusagen eine Denk-Erweiterung darstellen.*[1]

Dem gegenüber steht das Philosophieren mit Kindern, das dem kreativen Denken eine eigenständige Rolle im philosophischen Diskurs einräumt. Der Schwerpunkt liegt neben der Einübung in das logisch-argumentative Denken auf dem kreativen Denken. Dem kreativen Denken eine eigenständige Rolle im philosophischen Kontext des Unterrichts einzuräumen, bedeutet eine Erweiterung des traditionellen Verständnisses von Philosophie als Begriffsklärung in diskursiven, eindeutigen Zeichen. Das kreative Denken produziert präsentative, mehrdeutige Zeichen, so lautet hier die Grundthese, die dazu dienen, dem philosophischen Denken der Kinder eine andere Ausdrucksmöglichkeit zu geben.

Bislang wurde das kreative Denken (Brüning), das mythische Denken (Freese) oder das ästhetische Denken (Martens) zwar als Ausdrucksmöglichkeit philosophischen Denkens gesehen, jedoch lediglich als ein Mittel zum Zweck, um zum synthetischen Denken zu führen.

Anhand der Untersuchung zahlreicher Gesprächstranskripte der Philosophie-Stunden wird man jedoch schnell feststellen, dass die Kinder vor allem logische Analogien, wie z.B. die Metapher „Die Seele ist das Innere vom Denken", oder „In der Seele der Muschel sind die Spuren der Wellen" zum eigenständigen Ausdruck ihrer philosophischen Gedanken heranziehen.

Bei Cassirer[2], Langer und Ricoeur[3] finden sich Anhaltspunkte dafür, dass auch die logischen Analogien, die Langer präsentative Symbole nennt, zum Philosophieren gehören.

Ausgehend von der dialogisch-pragmatischen Philosophiedidaktik des Philosophierens mit Kindern wird hier vom Begriff des Philosophierens als Symbolbildungsprozess ausgegangen:

Da die Wirklichkeit dem Menschen nicht direkt verfügbar ist, so Langer und Cassirer, transformiert der Mensch die Welt in Symbole. Cassirer gruppiert diese Symbole in die Symbolsysteme Mythos, Religion, Kunst, Wissenschaft und Sprache. Die Sprache nimmt innerhalb dieser Ordnung eine Sonderstellung ein, denn sie ist das eine Ausdrucks-, Darstellungs- und Bedeutungsmedium aller Zeichensysteme. Langer wie Cassirer zeigen, dass Philosophieren als unabgeschlossener Deutungsprozess nicht nur in diskursiven Zeichen stattfindet, sondern auch in Präsentativen. Die Philosophie ist also keine weitere symbolische Form neben den genannten, sondern eine Funktion, der es zukommt, ausgehend von der Einheit der Symbolsysteme Verstehen bzw. Deutungen möglich zu machen.

Diskursive Zeichen

Generell kann man diskursive Zeichen von präsentativen Zeichen dadurch unterscheiden, dass in diskursiven Zeichen die Gedanken nacheinander, also sukzessiv ausgedrückt werden. Sie folgen der grammatisch-syntaktischen Struktur, die die Sprache als ihr Bedeutungssystem ihnen vorgibt. Im Satz reihen sich die signifikanten Zeichen wie Perlen auf einer Kette nach und nach auf. Dem Prinzip von Ursache und Folge gehorchend, ordnen sich die einzelnen Glieder. Die Elemente, die Wörter sind frei, kurz und neu kombinierbar. Sie sind Wörter mit festgelegten, denotativen Bedeutungen. Man kann ein Wörterbuch ihrer Bedeutung anlegen. Diese Wort-Begriffe sind im Prinzip in andere Wörter, andere Sprachen übersetzbar. Diskursive Begriffe sind im Ergebnis eindeutig und allgemein. Sie verdanken sich dem logisch-argumentativen Denken. Cassirer zeigt, dass im logisch argumentativen Denken, welches dem diskursiven Begriff zu Grunde liegt, eine konzentrische Ausdehnung über immer weitere Anschauungs- und Begriffskreise stattfindet. Die einzelnen Bedeutungen des Begriffs sind in diesem Begriffsraum vielleicht nicht alle zur gleichen Zeit sichtbar, jedoch potenziell vorhanden. Es scheint, als liege lediglich ein diffuses Licht auf ihnen. Die Begriffsanalyse ist ein probates Mittel, um durch die Beschreibung der Extension des Begriffes die Bedeutungen klarer hervortreten zu lassen. Der diskursive Begriff ist eine Einheit des Verschiedenen, denn ihm liegt das Prinzip der Sonderung zu Grunde: Mit der Perlenkettenmetapher ausgedrückt, heißt dies: Die Perlen bleiben Perlen, umso mehr sie mit anderen perlenähnlichen Objekten verglichen werden.

Jenseits dieser diskursiven Zeichen kann man präsentative Zeichen für das Philosophieren als Deutungsprozess beschreiben. Philosophische Begriffe, wie zum Beispiel „Gerechtigkeit", haben zwei Qualitäten: diskursive und präsentative. Das heißt, dass sie sich zum einen eindeutig bestimmen lassen können, zum anderen aber eben immer auch mehrdeutig sind.

Präsentative Zeichen

Dieser mehrdeutige Anteil ist im präsentativen Teil des Zeichens aufgehoben. Solche präsentative Zeichen sind sprachliche, visuelle, musikalische und gestische Bilder.
Das präsentative Symbol drückt Bedeutung simultan aus. Dass ein Bild seine Bedeutung in einem darbietet, ist auf den ersten Blick einleuchtend. Die Bedeutung eines Bildes lässt sich nicht aus der Analyse der einzelnen Bestandteile – wie Linienlänge, Farbmuster oder Winkelsumme – folgern. Erst der gesamte Kontext ergibt ein bedeutungsvolles Zeichen. Da es keine Einheiten mit festgelegten Bedeutungen gibt, kann man weder ein Wörterbuch der kleinsten Einheiten der präsentativen Zeichen anlegen noch das präsentative Zeichen in eine andere Sprache übersetzen. Eine Melodie, in einer anderen Tonart gespielt, ist eine andere Melodie. Das Ergebnis des präsenta-

tiven Zeichens ist zwar mehrdeutig, nicht aber beliebig, denn auch dieses Zeichen kann hinterfragt werden.

Die Metapher ist ein solches sprachlich-präsentatives Symbol: Die Kontextgebundenheit der Metapher ist einer ihrer wesentlichen Eigenschaften, die Ricoeur und Cassirer besonders herausarbeiten. Die Metapher fokussiert einen bestimmten Aspekt eines Sachverhaltes:

Aristoteles nennt als Beispiel für die Kontextgebundenheit der Metapher, dass ein Richter und ein Altar dasselbe seien: Zu beiden nämlich nehme, wer Unrecht erleide, seine Zuflucht. Dieser bestimmte Aspekt, der hier die Ähnlichkeit ausdrückt – Recht zu bekommen –, ist vom kontextuellen Rahmen abhängig, denn diese Metapher ist keineswegs in einer säkularisierten Umwelt zu verstehen.[4]

Anders ausgedrückt mit einer Metapher: der metaphorische Ausdruck erfüllt sich erst im Kontext der Rede.

Die Metapher als präsentatives Symbol spielt im philosophischen Kontext des Unterrichts mit Kindern eine lebendige, heuristische Rolle. Durch die Metapher wird Bedeutung generiert, indem durch sie etwas wahrgenommen werden kann, was sich dem logisch-argumentativen Wahrnehmungshorizont versperrt.

Dieses Wahrgenommene wird in der Metapher nicht nur gesagt, sondern mit der Metapher wird etwas über etwas gesagt. Durch das „Über etwas sagen" und dem „Vor-Augen-Führen", das Zeichen als Referenzmodell, kommt die Bedeutungsfunktion des metaphorischen Denkens ins Spiel. In diesem Zeichenbildungsprozess wird eine andere Dimension der Wirklichkeit freigelegt. Eine neue Deutung der Welt und unserer selbst ist dadurch möglich, dass der Interpretationshorizont und der Wahrnehmungshorizont um Neues erweitert wird. Durch die mimetische Schicht ist die Metapher auf die Welt bezogen, dies macht ihre referenzielle Stellung aus. Diese „Welt" ist jedoch nicht eine schon bekannte und erkannte, sondern eine durch den Menschen handelnd gestaltete. Dieser kategorialen Gestaltung der Welt dient diese lebendige Metapher in der Tradition Ricoeurs und Aristoteles', ebenso wie der diskursive Begriff.

Eine grundlegende Fähigkeit für die Bildung einer Metapher liegt darin, „Ähnlichkeiten" zwischen zwei, aus Sicht des Produzenten, weit auseinanderliegenden Dingen konstruieren zu können. Dieser Konstruktionsprozess folgt in seinem Aufbau der gleichen Architektonik wie der Konstruktionsprozess eines logisch-argumentativen Symbols, wie Cassirer durch seine Philosophie der symbolischen Formen zeigt. Die Struktur der Metapher wie des diskursiven Zeichens gehorcht Kants Architektonik des Verstandes.

Der Metapher kommt in der Philosophie der symbolischen Formen eine besondere Rolle zu: sie dient der Verbindung von Mythos und Logos. Durch beide Symbolsysteme, bzw. erst in der Einheit der Symbolsysteme, sieht Cassirer die Einheit des Verstehens gesichert. Dabei arbeitet er die Nähe und die Grenze der Metapher zu den Modalitäten des mythischen Denkens heraus. Die Metapher, so Cassirer, dient der sprachlichen Fixierung (logos) der Vorstellungsbewegung, wie sie auch im mythischen Denken zu finden ist. Diese Vorstellungen lassen sich begrifflich jedoch nicht ganz einholen, sondern lassen Leerstellen, die zu einem weitergehenden Deutungsprozess herausfordern.

Und dennoch ist die Metapher nicht der Ausdruck mythischen Denkens, denn sie sagt etwas „als ob" und nicht „das". Am pars-pro-toto-Prinzip soll dies veranschaulicht werden. Während im mythischen Denken der eine Teil für das Ganze steht – im Vodoo z.B. wird das Haar der Puppe als reale Gegenwart des Menschen gedeutet – ist die Metapher lediglich ein <u>Mittel</u>, ein Mittleres zwischen zwei Dingen, nie aber das Ding ansich.

Zur Begriffsklärung des Prinzips des pars-pro-toto, oder auch Partizipationsprinzip, möchte ich hinzufügen, dass das pars-pro-toto-Prinzip in der Metapher anders als in einer Metonymie umgesetzt wird:

Ich möchte dies an einem klassischen Beispiel verdeutlichen: In dem Ausdruck: „Am Horizont erschienen plötzlich fünfzig weiße Segel" stehen die weißen Segel für eine Flotte von Segelbooten. Dass die weißen Segel für die Segelboote stehen können, liegt an einem – wie man schnell sieht – äußerlich sachlichen Zusammenhang – denn Segel sind ein wesentlicher Teil von Segelbooten. Die Ähnlichkeit zwischen beiden Ausdrücken – Segel für Segelboot – liegt nicht auf einer semantisch begrifflichen Ebene, wie es bei einer Metapher der Fall wäre: Eine mögliche Metapher, bei der das pars-pro-toto-Prinzip gelten würde, wäre hier zum Beispiel „fünfzig weiße Flügel erschienen am Horizont".

In der Didaktik des Philosophierens mit Kindern spielte das metaphorische Denken bislang nur eine untergeordnete Rolle. Es diente allenfalls als Zwischenschritt hin zu dem logisch-argumentativen, eindeutigen, diskursiven Denken.

Ziel dieses Ansatzes ist es, einer Verengung des Rationalitätsbegriffes auf diskursive, lineare Begriffe beim Philosophieren mit Kindern entgegenzuwirken. Es soll gezeigt werden, dass durch das symbolische Philosophieparadigma in der Tradition Ernst Cassirers und den Begriff des präsentativen Symbols in der Tradition Susanne Langers ein Potenzial dazu bereitliegt. Auf eine Formel gebracht heißt das symbolische Philosophieparadigma des Philosophierens mit Kindern:

Inhalt: Konzepte, Ereignisse, Dinge und die Person von Kindern, die man genauer auch durch die vier Fragen Kants 1. Was kann ich tun? 2. Was darf ich hoffen? 3. Was kann ich wissen? Und 4. Was ist der Mensch? spezifizieren kann.

Methode: Erweiterung des Begriffs des logisch-komplexen Denkens: Zur einen Seite spitzt es sich im logisch-argumentativen Denken zu und äußert sich in diskursiven Zeichen. Zum anderen liegt das logische Denken auch dem mythisch-metaphorischen, dem kreativen Denken zu Grunde und äußert sich hier in präsentativen Symbolen, wie der Metapher. Dabei ist die Einheit der Methoden zu betonen. Der diskursive Begriff holt den präsentativen Begriff nicht ein, sondern bleibt neben diesem stehen.

Die philosophischen Denkschritte, die sich im kreativen wie im logisch-argumentativen Denken ausdrücken, sind dabei: Selber denken / vom anderen her denken / und weiterdenken.

Haltung: Iterativer, d.h. unabschließbarer Deutungsprozess, der nach immer weiteren artikulierten Deutungen von Deutungen sucht.

Mit Kindern über Fabeln philosophieren

Um eine Metapher – als Beispiel für ein präsentatives Symbol – zu bilden, müssen zwei Dinge oder Sachverhalte neuartig zusammengebracht werden und miteinander verglichen werden. Dieser Prozess wird u.a. vom kreativen, ästhetischen Denken geleistet. Das mythische Denken weist strukturelle Übereinstimmungen mit dem Metaphorisieren auf, wobei die Grenze zwischen Mythos und Metapher im Prinzip des pars-pro-toto liegt. Ob kreatives, ästhetisches, mythisches oder logisch-argumentatives Denken, allen Denkformen liegt der gleiche Schematismus des Erkennens zu Grunde. Damit wird den ersten drei Denkformen eine gleichberechtigte Stellung zum logisch-argumentativen Denken eingeräumt und nicht nur eine als Mittel zum Zweck hin zum synthetischen Denken in eindeutigen Zeichen. Das mehrdeutige Potenzial der Metapher dient dem unabschließbaren Deuten von Deutungen.

Das didaktisch-methodische Konzept des Philosophierens mit Fabeln zeigt, wie das erweiterte Philosophieparadigma des Philosophierens mit Kindern in der Praxis umgesetzt werden könnte und welche Anknüpfungspunkte es zwischen den Fabeln und den Metaphern gibt. Ich möchte einige Aspekte hier nennen:

Fabeln entsprechen mit ihrem heuristischen und kritischen Potenzial der Ausdrucksform, die einen philosophischen Deutungsversuch von Kindern vor allem auch mit Metaphern entspricht. Lecke arbeitet den Lehrwert der Fabel anhand der Fabula-docet Theorie Lessings heraus. An diesen Ansatz schließt das Philosophieren mit Fabeln an und betont, dass die Fabel u.a. durch ihre drei Denk- und Sprechweisen, die drei genera dicendi, ihren „Sitz im Leben" für das Philosophieren mit Kindern erhält: Denn Lecke stellt heraus, die Fabel nach Lessing sei

1. Erfindung des Dichters,
2. Ungekünstelter Vortrag des Geschichtsschreibers
3. Anmutig eingekleidete Wahrheit bzw. Sinn des Weltweisen, des Philosophen.

Fabel und Metapher verdanken sich dem Vergleichen im Sinne Aristoteles', sie verdanken sich der Fähigkeit der epiphora – des Vergleichens und das Gleiche zu sehen und der Fähigkeit der diaphora – dieses Gleiche zu abstrahieren und in einem neuen Kontext gemeinsam zu bedenken. Sie weisen einen Grund- und einen Bildbereich auf, die nicht zu trennen sind. Mit Metaphern und Fabeln kann man eine bestimmte menschliche Handlung (Inhalt des Philosophierens mit Kindern) vor Augen führen, man kann zwei weit auseinander liegende Bereiche zusammen betrachten und reflektieren (Methode des Philosophierens mit Kindern). Durch die Metapher genauso wie durch die Fabel wird etwas in seiner dynamischen Verwirklichung gezeigt. Ein besonderes Ereignis wird in seinem Prozess nicht in seinem Ergebnis gezeigt. Metapher und Fabel ähneln sich in ihrem Modellcharakter als Minimalreden, wie Aristoteles sagt, sie machen Implikationen eines Sachverhaltes perspektivisch sichtbar. Sie fordern zum Deuten auf und lassen mehrere Deutungen zu (Haltung des Philosophierens mit Kindern).

Fabel wie Metapher wecken die Neugier, reizen den Scharfsinn und fördern die Reflexion über sich selbst. Es gilt Fabeln aufzuspüren, die keine „Morallehre" darstellen, noch zur „Wahrheit betrügen" wollen, wie es Luther forderte, sondern die zu einem unabschließbaren Weiterdenken anregen, um der iterativen Haltung des Philosophierens genüge tun zu können. Ich denke hier vor allem an Äsops kurze Fabeln, oder an die Pestalozzis, wie die „Vom Esel, der Angst vor dem Skelett eines Löwenschädels hat", und von diesem Schädel gefragt, warum er nicht mehr Angst vor dem lebendigen Elephantenzahn habe, antwortet: „Weil dieser mir sagt: Handle recht, du mir jedoch sagst: ich fresse dich".

Medien und Methoden des Philosophierens mit Fabeln

Lernausgangslage

Kinder im Alter von 7 bis 10 Jahren haben bestimmte Vorstellungen von sich und ihrer Umgebung. Die Kinder verfügen aktiv über diese Vorstellungen und können sie ausdrücken.

Sie verfügen über ein begriffliches und bildliches Vokabular, welches es ihnen ermöglicht, die sie umgebende Welt zu verstehen, zu interpretieren und zu reflektieren. Die Vorstellungen, die sie sich über die Welt machen, formulieren sie in einer Vorläufigkeit, die einen möglichen Irrtum nicht ausschließt. Sie besitzen, kurz gesagt, die Fähigkeit, selbst zu denken, sich in das Denken anderer zu versetzen und das eigene Denken auf Widersprüche hin zu überprüfen und gegebenenfalls zu korrigieren. Das „Philosophieren mit Kindern" setzt bei diesen Fähigkeiten an und erweitert sie und integriert dabei die vorhandenen kindlichen Motivationen: Neugierde, das Sich wundern, und den Wunsch, sich zu orientieren.

Ziele

Die Ziele dieser Konzeption sind:
1. Dem Kind zu vermitteln, dass es selber denken kann, und sich dadurch in der Welt seiner Gedanken und Vorstellungen orientieren kann. Dabei können (nicht müssen) Erfahrungen zentrale Beweismittel für oder gegen eine These sein.
2. Kinder zu befähigen, adäquate sprachliche und bildliche Wege zu suchen und zu formulieren, die die eigenen Gedanken und Vorstellungen zu philosophisch relevanten Themen ausdrücken. Gedanken ausdrücken zu können (Selbstkompetenz) ermöglicht eine Distanzierung der Gedanken, die notwendig ist, um reflexiv zu werden. (reflexiv = zurückbeugen) Die Einübung der Sozialkompetenz, der Austausch der Gedanken mit anderen gleichgesinnten Schülern hat darüber hinaus den Effekt, dass die Kinder sich durch genaueres Kennenlernen besser verstehen und toleranter miteinander umgehen können.

Medium Spiel

Jede Stunde sollte mit einem Spiel beginnen. Ein Beispiel dafür ist das Kategoriespiel.

Ein Kind bekommt einen vom Lehrer ausgewählten Gegenstand, gibt den anderen Kindern einen Tipp, woraufhin diese den Gegenstand durch eingrenzende, kategorisierende Fragen raten sollen. Hier sollen durch die kategorialen Fragen nach Material, Größe, Form, Lebendig etc. geübt werden, genau zu fragen, das Erfragte mit dem bereits Bekannten logisch zu verbinden, und daraus eine Vorstellung, den Gegenstand im Denken entstehen lassen zu können. Parallel zum Rateprozess malt ein Kind an der Tafel die Antworten der anderen Kinder an. So wird jedem Begriff die anschauliche Komponente hinzugefügt und im hohen Maße die Phantasie der Kinder angeregt.

Ist der Gegenstand erraten, wird gemeinsam geprüft, ob die jeweiligen Antworten richtig waren. Dies setzt voraus, sich auf die Vorstellungen der anderen einlassen zu können. (Fremdperspektive)

Medium Text

Der nächste Anlass für das Philosophieren ist der Text, der bildlich-anschaulich eine philosophische Frage (1. Was kann ich wissen, 2. Was darf ich hoffen, 3. Was soll ich tun? und 4. Was ist der Mensch?) thematisiert. Diese Thematisierung vermittelt dabei kein philosophisches Wissen, sondern spricht diskursives und präsentatives Denken an.

Welche Eigenschaften müssen Texte haben, um „Philosophieren mit Kindern" zu ermöglichen? Phantastische Geschichten[5], Märchen[6], Gedichte[7], Fabeln und Selbstfassungen der platonischen Dialoge sind Beispiele für Textsorten, die ich beim „Philosophieren mit Kindern" verwende. Sie sollten ermöglichen, dass das „Philosophieren als Zeichenbildungsprozess", das dem Selber-Denken den Vorzug vor dem Nachvollzug gibt, initiiert wird. Der Text sollte ein Denkexperiment sein, das Konzepte, Hypothesen und Haltungen beinhaltet. Er soll zum Fragen anregen, soll das Erkennen verschiedener Denkmöglichkeit implizieren. Dafür muss er über Leerstellen verfügen. Er soll im Respekt dem Thema und dem Leser gegenüber geschrieben sein. Ein guter philosophischer Text muss fesseln, die Neugierde wecken und die Phantasie anregen. Er darf kindliche Nöte nicht verniedlichen und muss sie in ihrer Schwere ernstnehmen. Gleichzeitig soll er das Vertrauen des Kindes in sich selbst und in seine Zukunft stärken.

Medium Bild

Ein weiterer Weg, um philosophische Gedanken und Vorstellungen zum Ausdruck zu bringen, sind Bilder[8]. Im Prozess des Zeichnens und Malens entwickelt das Kind individuell eine Vorstellung zu einem philosophischen Thema. Diese Bilder sind dabei nicht vor-philosophisch, sondern ein individueller, adäquater philosophischer Ausdruck, der eine Sinnformulierung bereithält, die nicht nochmals verbalsprachlich eingeholt werden kann oder muss. Philosophieren heißt ja auch „Selber-Denken".

Aber nicht nur Bilder zu malen, sondern auch Bilder zu betrachten und über sie nachzudenken, kann beim Philosophieren genutzt werden.

Bilder, wie die hier eingesetzten Illustrationen zu den Fabeln stellen ein besonderes Potenzial dar. Sie zeigen

Bedeutungen, die ansich mehrdeutig sind, d.h. verschiedene Bedeutungen simultan nebeneinander stellen.

> (...)Sehen kommt vor sprechen. Kinder sehen und erkennen, bevor sie sprechen können.(...)[9]

Wahrnehmen und Betrachten sind zwei wesentliche Grundlagen des philosophischen Deutungsprozesses. Dabei ist das Sehen ebenso wie das Denken ein rationaler Vorgang, denn[10] bereits beim Sehen formen wir mit unseren Kategorien des Denkens, etwa durch Raum- und Zeitvorstellungen das, was wir sehen.

Alfred Lichtwark betont die bedeutende Rolle, die der Wahrnehmung und Betrachtung von Kunstwerken zukommt. Lichtwark, 1886-1914 Direktor der Hamburger Kunsthalle, ist Autor des Bandes „Übungen in der Betrachtung von Kunstwerken"[11]. Das Ziel der Betrachtung sei, so Lichtwark, ein Interesse beim Kind zu wecken und das Kind daran zu gewöhnen, genau und ruhig das einzelne Kunstwerk zu betrachten. Dabei solle es eine Ahnung davon bekommen, dass jenseits des sachlichen Inhaltes noch etwas

> (...) anderes im Kunstwerk steckt, das man nur fühlen kann, und das eigentlich die Hauptsache ist. (...)[12]

Ein Kind soll nach Lichtwark bei der Betrachtung eines Kunstwerkes genießen lernen. Neben diesem Genuss sollte das Kind Übungen in der Betrachtung des sachlichen Inhaltes eines Bildes vornehmen. Mit sachlichem Inhalt verbindet Lichtwark z.B. die Farbauswahl des Künstlers, seine Besonderheiten der Darstellung und den Aufbau des Bildes. Die Kinder sollen lernen, diese einzelnen Elemente wahrzunehmen.

An Bildern Reflexion und sprachliche Verständigung üben

Nachdem die Kinder diese Details wahrgenommen haben, sollen sie benennen und gemeinsam reflektieren können. Lichtwark betont, dass die Unterhaltung vor dem Bilde etwas Lebendiges sei.[13] Zu dieser Unterhaltung gehört im Grundschulalter kaum kunsthistorisches Wissen, sondern das, was sich aus der selbsttätigen Reflexion und dem gemeinsamen Gespräch der Kinder vor den Bildern ergibt. Die Kinder lernen das Kunstwerk als die individuelle Formulierung eines Künstlers kennen. Die ganze Bedeutung des Kunstwerkes kann und soll durch das philosophische Gespräch nicht eingeholt werden.

Bilder Herstellen / Gestalten

Beim eigenen Gestalten sollen die Kinder die vorgestellten Kunstwerke nicht abbilden. Vielmehr sollen sie Ausdrucks- und Darstellungsmöglichkeiten des Künstlers kennenlernen und erste Versuche unternehmen, diese selbst zu erproben. Auf diese Weise erweitern die Kinder ihr Ausdrucksrepertoire. Diese Erweiterung der Ausdrucksmöglichkeiten gehört zum Philosophieren.

Medium Gespräch

Das vierte Element des Philosophierens mit Kindern ist das philosophische Gespräch. Wesentliche Voraussetzung für den Gedankenaustausch der Kinder untereinander ist eine Atmosphäre von gegenseitiger Akzeptanz, in der jeder seinen Gedanken ausformulieren und aussprechen kann. Der Leiter des Gespräches – Moderator – sollte die Kinder anregen, auf die vorhergegangenen Äußerungen einzugehen, damit geübt wird, sich in das Denken des anderen hineinzuversetzen, und das Problem aus seiner Perspektive zu betrachten. Der Lehrer leitet das Gespräch, indem er die Diskussionsrunde organisiert, sehr gut zuhört und die Schüleräußerungen, falls sie zu weit vom Ursprungsthema abweichen, gegebenenfalls zurückführt. Das philosophische Gespräch (nach Reed u.a.) ähnelt dem entdeckenden Gespräch. Einige der Merkmale des Gespräches möchte ich kurz andeuten:

Merkmale des philosophischen Gesprächs

1. Lang, manchmal auch sprunghaft.
2. Viele Themen werden nur angerissen, einige weitergeführt. Oftmals bestehen zwischen den einzelnen Themen keine direkten Verbindungen.
3. Manche Überlegungen werden auch einfach nur so stehen gelassen, die Gesprächsteilnehmer ziehen Schlussfolgerungen, obwohl das Gespräch einen offenen Ausgang hat. Matthews betont sogar, dass ein Konsens am Ende eines Gespräches nicht erreicht werden muss. Er betont die Kraft der philosophischen Perplexität für das kritische Denken, die er für unerlässlich hält:

   ❝ (...) Nichts motiviert tiefe Reflexion mehr als das Erkennen, dass man etwas nicht zufriedenstellend erklären kann (...). ❞
4. Das Anerkennen der nicht zufriedenstellenden Lösung eines philosophischen Problems ermöglicht dem Kind einen egalitären Gedankenaustausch mit Erwachsenen. Dies stärkt das Selbstwertgefühl des Kindes. Kindern kann durch das Aufzeigen philosophisch perplexer Momente vermittelt werden, dass Konzepte von Tapferkeit, Zeit, Freier Wille, anfechtbare Konzepte sind.[14]
5. Keiner der Gesprächspartner übt auf den anderen Druck aus, damit er sich zu einem bestimmten Thema äußert.
6. Keiner der Gesprächspartner hat eine dominierende Rolle. Alle versuchen etwas zu lernen.
7. Es werden Informationen ausgetauscht.
8. Jeder Gesprächsteilnehmer hört dem anderen aufmerksam zu und antwortet auf angemessene Art und Weise. Die Kinder knüpfen an die Beiträge der Gesprächspartner an und führen es weiter.
9. Nur ab und zu werden einige Aussagen korrigiert.
10. Ein entdeckendes Gespräch zeichnet sich durch eine gewisse Warmherzigkeit aus.
11. Ergänzend möchte ich hinzufügen, dass die Rolle des Lehrers die eines aufmerksamen, kompetenten Zuhörers ist, der versucht, mit zwei Ohren und nicht mit einem dritten, immer schon interpretierenden Ohr zu hören. So kann das Gespräch gruppenorientiert geleitet werden.

Durch Leitfragen kann der Lehrer Impulse zum Philosophieren geben. Diese Leitfragen müssen sich aber immer am aktuellen Stand der jeweiligen Stunde orientieren.

Medium Szenische Interpretation

Ein weiterer Weg, um philosophisch relevante Inhalte auszudrücken und um philosophisches Denken zu initiieren, sind theatrale Elemente wie z.B. die szenische Interpretation[15]. Durch sie können die Ideen und Gedanken eingefangen werden, die eben immer mehrdeutig bleiben und nicht auf eindeutige Begriffe zu bringen sind.

Szenische Interpretationen / Improvisationen, Rollenspiele und kleine, selbsttätig entworfene Theaterstücke von Kindern, stellen beim Philosophieren eine weitere Möglichkeit dar, Neues und Wahrnehmbares der Welt zum Ausdruck zu bringen. Dabei dient der theatrale Ausdruck zum einen dem individuellen Ausdruck der Gefühle und zum anderen der Erweiterung der Rationalität.

Mögliche Arbeitsaufträge

Lest die philosophische Geschichte laut vor und *spielt im gleichen Moment* die Rollen. Übrigens kann man auch unbelebte Dinge spielen, wie ein „Schloss", oder „Erinnerungen", „Angst" etc. Überlegt, wie viele mögliche Rollen in der Geschichte stecken. Wie kann man sie treffend darstellen, was ist ihr besonderes Charakteristikum, ihre besondere Eigenschaft? Diskutiert eure Rollen.

Alternativ zum Vorspielen während des Vorlesens, sucht sich jedes *Kind eine Figur,* die es gern spielen möchte.

Aufwärmübung. Bevor ihr euch an die Arbeit macht, solltet ihr einige Anfangsübungen machen: z.B.: Versucht doch einmal wie eine Blume aufzublühen und zu verwelken:
Einer aus eurer Gruppe gibt mit einem Klangstab einen leisen Rhythmus vor. Alle anderen bewegen sich im Raum zum Rhythmus des Stabes. Wie in einer Pflanze steigt der Saft nach oben; von den Füßen breitet er sich nach oben über den ganzen Körper aus und erreicht die Arme, die wie Knospen zur Blüte aufbrechen – und so auch der ganze Körper. Nun welken die Äste und sterben einer nach dem anderen ab.[16]

Rollenarbeit

Jedes Kind schreibt seinen Text zu der Figur, die es sich ausgesucht hat, aus der Erinnerung auf.
Wahrscheinlich wollen mehrere Kinder die gleiche Rolle spielen. Diese Mehrfachbesetzungen kann man sinnvoll in den philosophischen Kontext integrieren und gleichzeitig das dialogische Moment besonders betonen. Die Kinder erarbeiten gemeinsam den Text und die Bewegungen für die Rolle und suchen so gemeinsam nach dem Wesentlichen der Rolle.
Eine weitere Übung, um das Wesentliche der Rolle zu finden, ist das Standbild.

Standbild / Denkmal

Im gemeinsamen philosophischen Gespräch erarbeiten die Kinder die möglichen Themen, die in der Geschichte verarbeitet sind. Möglich sind z.B. Begriffe wie: Armut, Angst, Gewissen, Verlust, Macht, Neid, Schönheit etc.
Die Kinder werden in Vierergruppen aufgeteilt. Die Begriffe werden auf einen Zettel geschrieben. Nun teilt man die Zettel aus und bittet die Kinder, als Gruppe in einem Standbild den jeweiligen Begriff darzustellen. Die übrigen Kinder der Klasse raten die jeweils dargestellten Begriffe.
Zur Aufführung lässt man dann ent-

weder die mehrfach besetzten Rollen im Chor sprechen, oder die mehrfach besetzen Rollen nacheinander im gleichen Stück ihre Variante der Rolle vorspielen. Zur Rollenarbeit gehört es auch, dass die Kinder sich einen Gegenstand aussuchen, der sie in ihrer Rolle kenntlich macht.

Durch diese Art der Rollenarbeit wird deutlich, welchen Stellenwert die szenische Erarbeitung / Interpretation für den philosophischen Erkenntnisprozess hat: Ebenso wie im philosophischen Gespräch der Begriff auf seine wesentlichen Bedeutungen hin untersucht und hinterfragt werden kann, kommt es in der selbsttätigen Erarbeitung der Rolle durch die Kinder zu Bedeutungsfestlegungen. Diese Bedeutungszuordnung kann hinterfragt und überprüft werden. Dadurch wird auch hier der philosophische Dreischritt gegangen:[17]

- Selber-denken
- Vom-Anderen-her-denken
- Weiterdenken

Medium Kreatives Schreiben

Geschichten zu schreiben und Gedichte zu entwerfen sind weitere Medien des Ausdrucks und der Formulierung philosophischer Gedanken und Vorstellungen. Eine Möglichkeit, um durch das Schreiben von Geschichten zum Bedenken und weiterdenken des philosophischen Themas anzuregen, ist z.B. eine Geschichte weiter zuschreiben. Eine andere Möglichkeit ist die Übertragung, d.h. dass das Thema der behandelten Geschichte auf eine neue, selbst erdachte Geschichte übertragen wird. Eine kreative Art Gedichte einzusetzen haben die Amerikaner Matthew Lipman und Ann Sharp vorgestellt. Die Idee, die Produktion von Gedichten in das Philosophieren mit Kindern zu integrieren, entstammt dem Handbuch zu der in englischer Sprache vorliegenden Novelle „Suki". Ich wandelte die dort gegebene Methodik ab, und formulierte folgende Arbeitsaufträge:

- Alle Kinder sitzen im Stuhlkreis
  Denk Dir einen Satz aus, der nicht länger als 15 Sekunden dauert. Ich schau auf die Uhr und du sprichst einfach los. Denk dabei an die Fabel, die du eben gehört hast.

- Alle Kinder gehen zurück an ihre Tische.
  Schreib deinen Satz auf ein Blatt Papier. Halte das Papier im Hochformat, beginne in der Mitte des Papiers zu schreiben, wobei du von oben nach unten schreibst:

  Beispiel:
  Ich
  bin
  ein
  Tiger
  Ich
  fresse
  die
  Schafe

Denk Dir zu den Wörtern jeder Zeile Eigenschaftswörter, oder etwas, was dazu passt, aus und schreibe sie rechts und links neben die Wörter.

Beispiel
.... Ich   mutig
.... Bin   ich bin ich
.... Ein   kein
.... Tiger   schlau
.... etc.   ....

Welches Wort ist das wichtigste Wort in deinem Gedicht? Schreibe es vor jede vierte Zeile. Und schreibe es als Titel vor dein Gedicht. Lies dein Gedicht laut vor:

Tiger
Ich mutig
bin ich ich?
Ein kein
Tiger schlau
Tiger ich Tiger
fresse
die
Schafe sind nicht so mutig

Medium Begriffsmolekül

Das Begriffsmolekül ist ein weiterer Weg, um Bedeutungen beim Philosophieren zum Ausdruck zu bringen und sie zu präzisieren. Die folgende Anleitung zeigt, wie man das Molekül einfach herstellen kann und wie man damit arbeiten kann.

Bauanleitung
Baut ein Begriffsmolekül. Dazu braucht ihr 12 Holzwürfel in der Größe 5 x 5 cm. Bohrt kurze Löcher (Durchmesser 1 cm) in die Mitte aller Seiten des Würfels, die groß genug sind, um ein 10 cm langes Stück Rundholz mit einem Durchmesser von 1 cm zu halten. Ihr braucht 12 Stäbe.

Bildet Gruppen von ungefähr 8 Kindern. Ein Kind schreibt zum Beispiel den Begriff „Zeit" auf einen Zettel und klebt diesen Zettel auf einen der Holzwürfel. Sammelt gemeinsam Begriffe und Vorstellungen, die ihr im Laufe eurer Gespräche über „Zeit" erarbeitet habt und schreibt jeden Begriff auf einen kleinen Zettel. Jeweils einer von euch klebt die Zettel auf die Würfel und ein weiteres Kind steckt die Würfel mit den Rundstäben zusammen. Überlegt gemeinsam, bevor gesteckt wird, welcher Begriffsteil zu welchem anderen Begriffsteil am besten passt? Diskutiert eure Steckmöglichkeiten. Am Ende stellt ihr euer Begriffsmolekül zu „Zeit" den anderen Kindern in der Klasse vor und diskutiert wiederum.

Durch das Begriffsmolekül erhält die Einheit eine Art Abschluss. Die Kinder sammeln alles, was sie für „wichtig" aus ihren philosophischen Erwägungen erinnern und verdichten diese Erinnerungen durch das anschauliche Molekül. Dadurch, dass das Molekül dreidimensional ist, wird den Kindern deutlich, dass auch ihr Denken nie nur von einem Punkt zu einem nächsten linear verläuft. Selbst wenn ein Stein des Moleküls an den nächsten gesteckt wird, bleibt anschaulich, dass jeder Stein noch „Leerstellen" für weitere Verknüpfungen hat. Das philosophische Begriffsmolekül der Kinder ist eine Verdeutlichung der Vorläufigkeit und Mehrdeutigkeit ihrer und aller philosophischer Überlegungen.

Medium Internet

Last but not least: Die Suche nach philosophischen Bedeutungen ist auch im Medium des Hypertextes[18] möglich. Die Kinder erstellen über eine Software wie Dreamweaver, webfertige Internetseiten und verlinken diese miteinander: d.h. Gesprächsprotokolle, Geschichten, Interviews, Fragen, Gedichte, Geschichten und Bilder werden in Dreamweaver von den Kindern so aufbereitet und verlinkt, dass sie einen neuen Text, einen Hypertext ergeben. Dieser Hypertext kann dann wiederum von anderen Kindern via Internet zur Grundlage ihrer philosophischen Gedanken werden. Diese Kinder können dann ihre Gedanken via E-mail schicken. Siehe hierzu auch www.phichin.de.

Die folgenden Seiten mit den Fabeln und den Abbildungen sind als Fotokopiervorlagen für den Gebrauch in der eigenen Klasse / Arbeitsgruppe freigegeben.

Was kann ich wissen?
Die Gans
(Lessing)

Die Federn einer Gans beschämten den neugebornen Schnee. Stolz auf dieses blendende Geschenk der Natur, glaubte sie, eher zu einem Schwane als zu dem, was sie war, geboren zu sein. Sie sonderte sich von ihresgleichen ab und schwamm einsam und majestätisch auf dem Teiche herum. Bald dehnte sie ihren Hals, dessen verräterischer Kürze sie mit aller Macht abhelfen wollte. Bald suchte sie ihm die prächtige Biegung zu geben, in welcher der Schwan das würdigste Ansehen eines Vogels des Apollo hat. Doch vergebens, er war zu steif, und mit aller ihrer Bemühung brachte sie es nicht weiter, als dass sie eine lächerliche Gans ward, ohne ein Schwan zu werden.

Die Gans – Methodische Hinweise
Die Welt entdecken und erleben

Einleitung

Um etwas über die Welt zu erfahren und zu wissen, muss man seine Wahrnehmungen und seine Vorstellungen von der Welt zum Ausdruck bringen können. Dies erfordert, dass man Mensch und Natur beobachten und über diese Beobachtungen mit anderen sprechen kann. Dabei muss geklärt werden, in welchem Verhältnis der Mensch zur Natur steht. Dieser Schritt ist wichtig, um zu klären, wer und was man eigentlich selbst ist.

Mögliche Arbeitsaufträge zur Einführung

Zur Geschichte
1. Lest die Fabel von der Gans, die ein Schwan sein wollte.
2. Spielt die Gans, während einer von euch den Text laut liest.
3. Sucht Eigenschaftswörter, die zur Gans passen. Schreibt diese Wörter auf Karten und bereitet mit jeweils 5 Kindern gemeinsam ein Standbild zu eurem Eigenschaftswort auf der Karte vor. Zeigt den anderen Kindern eurer Standbild und lasst sie raten, um welches Eigenschaftswort es sich handelt.
4. Kannst du dich in die Gans hineinversetzen? Wolltest du schon einmal jemand anders sein?
5. Schreibt die Fabel weiter.

Zum Bild
1. Betrachtet das Bild und beschreibt sehr genau, was ihr seht.
2. Malt zwei Bilder: Arbeitsauftrag: Stellt euch vor, ihr setzt dem Schwan und der Gans einen Gedankenleser auf den Kopf. Wie sehen in diesem Moment ihre Gedanken aus?

Mögliche Weiterführung

Leitfragen für ein philosophisches Gespräch:
1. Woher soll die Gans in der Fabel Lessings eigentlich wissen, dass sie eine Gans ist und kein Schwan? Woher weiß der Schwan, dass er ein Schwan ist. Woher weiß das Känguru, dass es ein Känguru ist und kein Hase? Wie kann es sicher sein?
2. Woher weißt du, dass du Paul, Simone, Sabine oder Erinc bist? Könnte es auch sein, dass du ein Hund bist? Wie kannst du sicher sein? Begründe deinen Standpunkt.
3. Was heißt es, wenn jemand sagt, „ich bin ich".
4. In Fabeln werden Tiere oft wie Menschen dargestellt? Sind Menschen auch Tiere? Können Tiere genauso denken wie Menschen? Diskutiert und begründet euren Standpunkt.
5. Schreibt zum Abschluss ein Gedicht zum Thema „Ich bin ich". Siehe dazu die Arbeitsanleitung auf Seite 19.

Was kann ich wissen?
Wie der alte Löwe sich an der Zeit bereichern wollte
(Paarmann)

Der Löwe, gewaltiger Herrscher über die friedliebenden Tiere der Steppen und Wälder, merkte eines Tages, dass er langsam alt und schwach wurde. „Ach, hätte ich doch noch ein wenig mehr Zeit auf dieser Welt. Mein Königreich ist so schön, mein Volk fürchtet mich, und außerdem lebe und regiere ich doch so gern", schluchzte er und sah dabei ziemlich jämmerlich aus. „Nun, vielleicht kann ich euch helfen", erwiderte sein Minister, eine ebenso hochbetagte Hyäne, die dem Löwen seit vielen Jahren ergeben diente. „Was soll mir helfen?", seufzte der Löwe, „Ich bin alt, meine Zeit geht zu Ende." Die Hyäne überlegte einen Moment. „Nun, wenn euch eure Zeit knapp geworden ist, werden wir eben eine Zeitsteuer erheben. Das friedliebende Volk fürchtet Euch, mein König. Wenn jeder im Volk von seiner Zeit etwas abgibt, werdet Ihr mit der so gewonnenen Zeit noch lange leben und regieren können." „Ja, geht das denn? Ach, ich wünschte, es wäre so." „Vertraut mir, mein König, ihr werdet sehen." Noch am selben Tag verfasste die Hyäne ein neues Gesetz und ließ es im Land verkünden: „Im Namen des Königs. Ab sofort sind alle friedliebenden Tiere dieses Landes aufgefordert, etwas von ihrer Zeit an den König abzutreten!" Da die friedliebenden Tiere den alten Löwen noch immer fürchteten, wollten sie tun, was man verlangte. Alle verfielen in große Hektik, um Zeit für den König zu sparen. Doch schon bald kamen Chaos und Elend über das Land. Der König war darüber sehr erschrocken. Er befahl seinem Minister, das neue Gesetz auf der Stelle wieder aufzuheben, damit alles wieder so schön werde, wie es einst war. So geschah es dann auch, denn der alte Löwe hatte schließlich doch eingesehen: alles im Leben hat seine Zeit.

Der alte Löwe, der sich an der Zeit bereichern wollte – Methodische Hinweise
Werden und Vergehen – Zeit

Einleitung

Mensch und Natur verändern sich ständig. Werden und Vergehen sind natürliche, unaufhaltsame Faktoren unseres Lebens. Die Zeit hinterlässt überall ihre sichtbaren Spuren. Aber was ist das eigentlich „Zeit"? Wie kommt es, dass wenn man auf einen Freund wartet, die Zeit so langsam vergeht, wohingegen das Ende der Ferien immer zu früh kommt?

Mögliche Arbeitsaufträge zur Einführung

Zur Geschichte
1. Lest die Fabel laut vor. Klärt gemeinsam, worum es in der Fabel geht.
2. Warum wollte der alte Löwe die Zeit anhalten bzw. von seinen Untertanen Zeit bekommen?
3. Der König der Tiere, der Löwe, möchte die Zeit anhalten, denn seine Zeit scheint gekommen zu sein. Die listige Hyäne rät zur Zeitsteuer. Warum tut sie dies? Warum gelingt ihr Plan nicht.

Zum Bild
1. Betrachtet das Bild und beschreibt, was ihr seht.
2. Was unterscheidet den alten Löwen von dem jungen Löwen?
3. Was unterscheidet Altes von Jungem?
4. Möchtest du immer jung sein? Diskutiert.
5. Malt ein Bild, auf dem zu sehen ist, wie die Tiere „Zeit" einsparen, um sie dem König zu schenken.
6. Welche Bilder von der „Zeit" kennst du? Geht doch einmal in die Kunsthalle und schaut, wie Maler mit dem Begriff „Zeit" umgehen.

Mögliche Weiterführung

Baut ein **Begriffsmolekül** zum Begriff „Zeit". Was gehört alles dazu, was ist das Gegenteil von Zeit? Schaut auf Seite 20 wie das Molekül gebaut wird.

Leitfragen für ein philosophisches Gespräch:
1. Welche Zeitmaße kennst du: Sonnenuhr, Sanduhr... Sammelt Beispiele. Schaut auch im Internet. Vergleicht die verschiedenen Zeitmessinstrumente. Worin ähneln sie sich, worin unterscheiden sie sich?
2. Stellt euch vor, es gäbe eine Zeitmaschine. Meint ihr, dass man in der Zeit reisen könnte? Warum, warum nicht. Diskutiert.

Malt ein Bild zum Thema: Wie sieht dein „Heute" im Gegensatz zu deinem „Morgen" aus?

Was kann ich wissen?
Der Fuchs und der Panther
(Babrios)

Einst rühmte der gefleckte Panther sich, sein Fell sei noch das bunteste von allen Tieren. Da sprach der Fuchs zu ihm: „Ich hab Verstand, der ist mir lieber als dein Fell und bunter."

Der Fuchs und der Panther
(Aesop)

Der Fuchs und der Panther stritten einmal über die Schönheit. Als dabei der Panther vor allem das Wohlgestaltetsein des Körpers herauskehrte, fiel ihm der Fuchs ins Wort und sagte: „Um wieviel bin ich schöner als du, der ich zwar nicht physisch, wohl aber psychisch wohlgestaltet bin!"

Der Fuchs und der Panther – Methodische Hinweise
Weiterfragen und Nachdenken

Einleitung
Um zu Wissen über die Welt zu kommen, muss man nicht nur genau hinschauen können, sondern man muss auch manchmal bohrend fragen und vielleicht Bekanntes oder Erkanntes hinterfragen und nochmals bedenken. Um dies zu können, braucht man seinen Verstand. Aber was ist das eigentlich „Verstand" oder was heißt „Denken"?

Mögliche Arbeitsaufträge zur Einführung

Zur Geschichte
1. Lest beide Fabeln. Welche gefällt euch besser? Worin besteht der Unterschied?
2. Schreibt eure eigene Version der Fabel vom „Fuchs und Panther".
3. Inwiefern kann der Verstand blendender sein als das Äußere des Fells?

Zum Bild
1. Betrachte das Bild sorgfältig. Lass dir Zeit dabei. Beschreibe, was du siehst.
2. Schreibe eine kleine Geschichte zu dem Bild.

Mögliche Weiterführung

Begriffsmolekül
Baut zwei Moleküle: eines um den Begriff „Verstand" und eines um den Begriff „Denken". Diskutiert anschließend das Ergebnis. Warum sind einige Eigenschaften weiter entfernt als andere? Begründet.

Leitfragen für ein philosophisches Gespräch
1. Kann man „Denken" fühlen, riechen, hören, schmecken? Woran kann man merken, dass man denkt?
2. Können Hunde denken? Haben Hunde Verstand?
3. Können Steine denken?
4. Können Gräser denken oder haben sie Verstand? Diskutiert.

Malt ein Bild von einem „blendend schönen Verstand".

Was kann ich wissen?
Der Bock im Brunnen
(Babrios)

Durch Sommerhitze dürstete der Bock, zum Wassertrinken stieg er in den tiefen Grund. Doch als er getrunken und sich gesättigt hatte und er nicht wieder heraussteigen konnte, empfand er tiefe Reue, und er suchte nach einem Helfer. So erblickte ihn der Fuchs und rief ihn an: „Du Dummkopf, wenn du soviel Verstand besäßest, wie du in deinem Bart hast, so wärst du hinabgestiegen nicht, bevor den Rückweg du erkundet."

Der Bock im Brunnen – Methodische Hinweise
Fragen stellen und nach Antworten suchen

Einleitung

Fragen stellen zu können, neugierig zu sein und zu staunen sind wesentliche Eigenschaften des Menschen. Alle drei Eigenschaften helfen ihm dabei, auf Lebensfragen wie z.B.: „Was soll ich werden? Wozu bin ich bestimmt? Was kann ich besonders gut?" Antworten zu finden.

„Etwas planen zu können" ist bei der Suche nach Antworten eine Art Trockenübung, die dabei hilft, sich zu entscheiden.

Mögliche Arbeitsaufträge zur Einführung

Zur Geschichte
1. Lest die Fabel laut vor.
2. Warum sprang der Bock in den Brunnen?
3. Kannst du den Fuchs verstehen?
4. Was hättest du an Stelle des Bockes / des Fuchses getan?

Zum Bild
1. Betrachtet das Bild genau. Beschreibt, was ihr seht.
2. Schreibt eine Geschichte zum Bild.
3. Malt eine Bildergeschichte vom Bock und dem Fuchs. Was passiert wohl gleich? Was passiert in einer halben Stunde? Was passiert vielleicht morgen?

Mögliche Weiterführung

Leitfragen für ein philosophisches Gespräch
1. Welche Arten von Fragen kennst du?
2. Kannst du dir vorstellen, was große Fragen oder was kleine Fragen sind?
3. Ordne die Arten von Fragen, die du kennst.
4. Haben alle Fragen eine Antwort?
5. Worauf achtest du besonders, wenn du Antworten auf deine Fragen suchst?
6. Eine philosophische Frage will immer das „Wesen der Dinge" erforschen: Also: Was macht das Fahrrad zum Fahrrad? Nicht aber: Wie funktioniert ein Fahrrad? Entwerfe einige philosophische Fragen.
7. Welche Frage hätte der Bock sich oder anderen stellen können, bevor er in den Brunnen gesprungen wäre?
8. Planst du immer, bevor du etwas tust? Wann, wann nicht?

Malt ein Bild von einer Frage und einer Antwort, ohne dabei Satzzeichen oder Wörter zu benutzen.

Was soll ich tun?
Der Adler und die Füchsin
(Aesop)

Der Adler und die Füchsin hatten Freundschaft miteinander geschlossen und kamen überein, um die Festigkeit ihrer Freundschaft zu erweisen, nahe beieinander Wohnung zu nehmen. Der Adler nun flog auf einen ganz hohen Baum und machte sich da sein Nest, während die Füchsin im Gebüsch darunter ihre Jungen warf. Als sie nun einmal auf Nahrungssuche ausgegangen war, geschah es, dass der Adler, der gerade nichts zu fressen hatte, zu dem Gebüsch herabflog, die kleinen Füchslein wegriss und zusammen mit seinen Jungen verspeiste. Als die Füchsin nach ihrer Rückkehr das Geschehene bemerkte, ergriff sie Betrübnis nicht nur über den Tod ihrer Jungen, sondern mehr noch über die Unmöglichkeit, Rache zu nehmen, denn als Landtier war sie außerstande, einen Vogel zu verfolgen. Deshalb tat sie das, was den Kranken und Schwachen allein zu tun übrigbleibt: sie machte sich aus dem Staube und verfluchte ihren Feind. Es fügte sich jedoch, dass der Adler schon bald für seinen Verstoß gegen die Freundschaft büßen musste, und zwar wie folgt. Als Bauern auf dem Felde eine Ziege opferten, kam er heruntergeflogen und trug von dem Altar ein Stück brennendes Opferfleisch hinweg. Kaum hatte er das in sein Nest gebracht, da erhob sich ein Wind und entfachte das dünne, alte Reisig zur leuchtenden Flamme. Dabei wurden auch seine Jungen vom Brand erfasst – sie waren nämlich noch nicht flügge – und fielen auf die Erde herunter. Die Füchsin lief herbei und
fraß sie vor den Augen des Adlers alle auf.

Der Adler und die Füchsin – Methodische Hinweise
Freunde finden

Einleitung

Freundschaft, was ist das eigentlich? Von wem kann ich sagen, das ist mein Freund / meine Freundin? Was gehört alles zur Freundschaft? Könnte der Mensch / das Tier oder ein Stein auch ohne Freunde leben?

Mögliche Arbeitsaufträge zur Einführung

Zur Geschichte
1. Lest die Fabel laut vor.
2. Wie stark ist die Freundschaft zwischen Adler und Füchsin?
3. Wie steht es mit dem Ende der Fabel: hat die Füchsin ein Recht, sich an dem Adler zu rächen?
4. Könnten alle Tiere Freundschaft schließen, passen einige besser als andere zusammen? Überlegt euch einige Freundschaftspaare. Wie wäre es z.B. mit Hase und Kaninchen? / Wolf und Schafen? Welche Bedingungen müssten erfüllt werden, damit z.B. Hase und Kaninchen Freunde werden könnten?

Zum Bild
1. Betrachtet das Bild, ohne die Fabel zu lesen. Schreibt eine kleine Geschichte zu dem Bild. Sucht eine passende Überschrift. Begründet eure Auswahl.
2. Was ist das Gegenteil von Freundschaft.
3. Malt ein Bild von Freundschaft und wählt Farben aus, die eures Erachtens besonders gut zu dem Begriff passen.

Mögliche Weiterführung

Die Hündin und die Sau *(Aesop)*
Die Hündin und die Sau waren einmal in ein hitziges Gespräch verwickelt und am Ende gar aneinander geraten. Jede Mutter beharrte darauf, dass ihre eigenen Jungen besser und hübscher sind, als die der anderen.

„Hör mal!", schrie schließlich die Sau die Hündin an. „Du wirst doch nicht bestreiten wollen, dass meine Jungen sehen können, wenn sie zur Welt kommen, während die deinen blind geboren werden!"

Das war der Hündin zuviel. Sie zog ab, sehr verärgert. Nie mehr hat sie mit der Sau gesprochen.

Leitfragen für ein philosophisches Gespräch
1. Lest die Fabel von „Der Hündin und der Sau". Vergleicht sie mit der Fabel von dem „Adler und der Füchsin". Welcher neue, andere Aspekt von Freundschaft wird hier genannt?
2. Wie muss der beste Freund / die beste Freundin sein?
3. Wie viele Freunde braucht man eigentlich?
4. Kann man einen Internet-Freund haben?

Baut ein Begriffsmolekül von „Freundschaft". Diskutiert das Ergebnis. Schaut auch im Internet dazu. Geht einmal über www.blindekuh.de.

Was soll ich tun?
Der Fuchs und der Rabe
(Babrios)

Es saß ein Rabe, ein Stück Käse im Schnabel. Der schlaue Fuchs, der nach dem Käse gierte, umgarnte nun den Vogel, wie ich es euch erzähle: „Wie schön sind deine Flügel? Rabe, scharf dein Auge, ansehnlich ist dein Nacken, deine Brust ist wie vom Adler, und mit den Krallen bist du allen Tieren überlegen! Und solch ein Vogel, der ist stumm und muckst sich nicht?"

Bei solchem Lob schwoll die Brust des Raben, und aus dem Maul ließ er den Käse fallen, um zu krächzen. Das Füchslein fing ihn auf und höhnte: „Du bist ja gar nicht stumm, hast vielmehr Stimme, hast alles, Rabe, bloß Verstand, der fehlt dir."

Der Fuchs und der Rabe – Methodische Hinweise
Gut und böse sein

Einleitung

Soll man nun gut oder böse sein? Hat man die Wahl? Manchmal fällt es sehr schwer zu entscheiden, ob etwas gut oder böse oder schlecht ist. Und manchmal, selbst wenn man immer gut sein wollte, ist man doch böse, z.B. weil man etwas für sein Leben gern haben wollte.

Mögliche Arbeitsaufträge zur Einführung

Zur Geschichte
1. Lest die Fabel.
2. Spielt sie parallel zum Vorlesen vor.
3. Setzt dem Raben / dem Fuchs einen Gedankenleser auf den Kopf und malt seine Gedanken.
4. Würdest du sagen, dass der Fuchs böse ist? Was wäre deines Erachtens gutes Verhalten des Fuchses gewesen?
5. Schreibt die Fabel weiter.

Zum Bild
1. Betrachtet das Bild, ohne die Fabel vorher gelesen zu haben. Worum geht es deines Erachtens?
2. Schreibe eine Fabel zu dem Bild. Die Struktur einer Fabel ist: Einer tut etwas. Ein anderer reagiert darauf. Am Ende kommt etwas verwunderliches dabei heraus.

Mögliche Weiterführung

Leitfragen für das philosophische Gespräch.
1. Gut und böse sein. Welche Eigenschaften gehören zu „gut", welche zu „böse"?
2. Gelten die Eigenschaften immer und für jeden? Prüft sie an Beispielen und diskutiert.
3. Was wäre, wenn keiner auf der Welt mehr böse wäre?
4. Willst du immer gut oder manchmal böse sein?
5. Ist Lügen böse?

Baut ein Begriffsmolekül zu gut / böse.

Schaut im Internet, ob es dort Kinder gibt, die auch über dieses Thema nachdenken. Zum Beispiel unter: www.phichin.de

Was soll ich tun?
Ein Esel und ein Löwenschädel
(Pestalozzi)

Ein Esel fand einen solchen. Es schauerte ihm noch vor dem toten Gebiss. Der Schädel, der es sah, sagte spottend: „Siehe da neben mir den großen Elefantenzahn; das ist etwas zum Zittern."

Aber der Esel antwortete ihm: „Nein, nein, dieser sagt mir nur: ‚Tue recht!' – du aber sagst mir: ‚Ich fresse dich.' "

Ein Esel und ein Löwenschädel – Methodische Hinweise
Gut und Böse sein

Einleitung

Der Philosoph Immanuel Kant hat sich eine Formel ausgedacht, die unser Zusammenleben in der Familie, im Kindergarten, mit unseren Freunden, in der Schule, in der Stadt und überall regeln soll: etwas vereinfacht sagt Kant, dass man immer bevor man etwas tut, überlegen soll, ob das, was man tut, für alle, d.h. für die Geschwister, die Freunde, aber auch für die Feinde, die Großeltern, die Nachbarn gut ist.

Mögliche Arbeitsaufträge zur Einführung

Zur Geschichte
1. Lest die Fabel mit verteilten Rollen vor.
2. Wieso hat der Esel mehr Angst vor dem toten Schädel als vor dem lebendigen Elefanten? Diskutiert.
3. Wie kann der Esel wissen, was das ist „Tue recht?"
4. Schreibt die Fabel weiter, führt z.B. ein neues Tier in die Fabel ein.

Zum Bild
Schreibt eine Geschichte zu dem Bild.

Mögliche Weiterführung

Leitfragen für das philosophische Gespräch
1. Woher weißt du, was „recht tun" ist?
2. Überlegst du jedes Mal, ob es gut ist, was du gerade tun willst?
3. Was haltet ihr von der Regel des Philosophen I. Kant. (Siehe oben)
4. Kann man es immer allen Recht machen? Diskutiert. Überlegt euch Beispiele, die für oder gegen die These sprechen.
5. Würdest du gut sein, wenn es keine Strafen geben würde? Diskutiert.
6. Stellt euch vor, ihr würdet allein, ohne Erwachsene auf einer Insel leben. Wie würdet ihr eurer Leben dort organisieren?

Was soll ich tun?
Die zwei Vögel auf einem Baum
(Hinduistische Fabel)[19]

Die zwei Vögel auf einem Baum

Die Schriften sprechen von zwei Vögeln, die auf einem Baum sitzen, einer auf einem höheren Ast und der andere auf einem darunter: Der, der oben sitzt, ist seelenruhig, majestätisch und still, und der andere hüpft von Ast zu Ast, verzehrt die süßen und bitteren Früchte, die an den Zweigen hängen, und fühlt sich abwechslungsweise glücklich und elend. Der Vogel auf dem höheren Ast ist weder glücklich noch elend, sondern seelenruhig, in sich ruhend und zufrieden. Der Vogel auf dem unteren Ast empfindet hin und wieder Neid wegen der Ruhe und Zufriedenheit des anderen Vogels und versucht dann ruhig und still zu sein wie der, aber nach einer kleinen Weile, treibt es ihn wieder, von den unterschiedlichen Früchten an den Zweigen zu essen. Ab und zu strahlt Licht von dem glänzenden Gefieder des Vogels, der oben sitzt und fällt dann auf den Körper des Vogels unten.

Die zwei Vögel auf dem Baum – Methodische Hinweise
Ein glückliches Leben

Einleitung

Die Gans, von der am Anfang der Fabelsammlung unter dem Thema „Was kann ich wissen" die Rede ist, orientiert ihre Identität an dem Aussehen des Schwanes, sie verliert sich in dem Wunsch, anders sein zu wollen. In der Frage nach dem Entsprechen des Fremdbildes bzw. in der Frage, ob ich das Recht habe, anders sein zu können, als es die anderen meinen, ist die Frage nach dem „Was soll ich tun?" (Ethik) enthalten. Wie berechtigt sind unsere Wünsche, kann man sich in diesem Zusammenhang fragen. Was braucht man, um ganz andere Vorstellungen für das eigene Leben zu entwerfen? Gleichzeitig kann damit die Frage verbunden werden, ob erst in der Übereinstimmung von Wesensheit und gewünschtem Sein (Ist die Gans als Gans glücklich?) das Glück des Einzelnen liegen kann.

Die Fabel um den Tiger, der unter den Schafen lebt, kann als eine Pointierung dieses Problems gelesen werden. Die Unwissenheit führt ihn im Moment der Selbsterkenntnis zu einer Befreiung. Dennoch bleibt die Frage, ob der Tiger bzw. der Mensch in seiner zunächst gelebten Identität nicht glücklicher war, als er es mit dem Wissen darum, dass er vorher eine vermeintlich falsche Identität lebte, je wieder werden kann?

Die Fabel von den zwei Vögeln schließt an die philosophische Frage nach dem Glück an.

Mögliche Arbeitsaufträge zur Einführung

Zur Geschichte
1. Lest die Fabel von der „Gans" (Seite 22) und dem „Tiger" (Seite 50) nochmals. Vergleicht sie mit der Fabel von den beiden Vögeln. Was ist ähnlich? Was ist ganz anders?
2. Welcher Vogel wärest du gern? Der obere / der untere. Diskutiert und begründet.

Zum Bild
1. Betrachtet das Bild genau. Welcher Vogel ist glücklicher? Wie kommst du darauf?
2. Male dein Bild von den zwei Vögeln auf dem Baum. Was wäre anders?

Mögliche Weiterführung

Die Kinder improvisieren szenisch: Sie stellen ein Ei dar, aus dem ein Vogeljunges schlüpft. Der Vogel wird langsam erwachsen und entscheidet sich, wo im Baum er sitzen möchte: Still auf einem hohen Ast oder unruhig auf einem niedrigeren. (Nach einer Idee von Monika Baltes)

Leitfragen für ein philosophisches Gespräch
1. Gibt es ein Vorbild für dein Leben?
2. Kann es jemanden anderes geben, der besser als du weißt, wie dein Leben glücklich sein wird? Diskutiert warum / warum nicht?

Was darf ich hoffen?
Das Storchenland
(Pestalozzi)

Ein Reisender verirrte sich in ein abgelegenes Tal, darin er keine Stimme hörte als quakende Frösche; er konnte nicht weiter; alles war Sumpf. Doch ehe er zurückging, fragte er noch einen Frosch, warum hierzulande alles quake. Der Frosch erwiderte: „Unser glückliches Land ist wie kein anderes bis auf seine hintersten Winkel für unseren Gott organisiert." „Und wer ist denn euer Gott?", sagte der Fremde. Der Frosch antwortete: „Der Storch."

Das Storchenland – Methodische Hinweise
An etwas glauben

Einleitung
Was heißt das eigentlich „an etwas oder an jemanden glauben"? Warum gibt es Menschen, die an etwas glauben, dass man gar nicht sieht? Woran kann man glauben?

Mögliche Arbeitsaufträge zur Einführung

Zur Geschichte
1. Lest die Fabel sorgfältig.
2. In welcher Beziehung stehen Störche und Frösche normalerweise?
3. Warum ist nicht ein Frosch der Gott der Frösche, sondern ein Storch?
4. Wie stellst du dir das Land der Frösche vor? Male ein Bild dazu.

Zum Bild
1. Was siehst du? Beschreibe.
2. In welcher Beziehung stehen die Frösche hier zum Storch?
3. Wie kommt es, dass die Frösche offensichtlich keine Angst vor dem Storch haben?
4. Finde eine passende Überschrift für das Bild.
5. Malt ein Bild: Setzt dem Storch einen Gedankenleser auf den Kopf und malt seine Gedanken.

Mögliche Weiterführung

Leitfragen für ein philosophisches Gespräch
1. Die Frösche haben ihren natürlichen Feind zu ihrem Gott gemacht. Kannst du dir Gründe vorstellen, warum sie dies gemacht haben? Diskutiert.
2. Brauchen die Frösche einen „Gott" für ein glückliches Leben? Versucht euch in die Gedanken der Frösche zu versetzen.
3. Brauchst du jemanden / einen Gott für ein glückliches Leben?
4. Warst du schon einmal in einer Kirche / Synagoge / Moschee und hast geschaut, wie dort zu dem Gott oder den Göttern gesprochen wird? Erkundige dich auch im Religionsunterricht.
5. Woran kann man glauben? Glauben alle an das Gleiche? Warum? Warum nicht? Diskutiert.
6. Schaut auch ins Internet, vielleicht unter www.gott.de oder www.glauben.de.

Schreibt ein Gedicht zu dem Satzanfang „Ich glaube an...". Schaut auf Seite 19 wie man ein Gedicht leicht schreiben kann.

Was darf ich hoffen?
Die Frösche
(Aesop)

Zwei Frösche wohnten in Nachbarschaft. Der eine hauste in einem tiefen Teich fern der Straße, der andere, mit wenig Wasser, auf der Straße. Und der Frosch, der in dem Teich wohnte, riet dem anderen, zu ihm überzusiedeln, um gleichfalls in den Genuss eines vorteilhafteren und gesicherteren Lebens zu gelangen. Doch der andere wollte nicht darauf eingehen, denn, so bemerkte er, er trenne sich nur ungern von dem gewohnten Orte. So kam es, dass ihn am Ende ein Wagen, der dort vorbeikam, überfuhr.

Die Frösche – Methodische Hinweise
Glücklich sein

Einleitung

„Glücklich zu sein" scheint der natürlichste Wunsch aller Menschen. Aber was heißt das eigentlich „Glück"? Welche Formen des Glücks gibt es? Empfinden alle das Gleiche als Glück?

Mögliche Arbeitsaufträge zur Einführung

Zur Geschichte
1. Lest die Geschichte laut vor und spielt dabei die beiden Frösche.
2. Worin besteht das Glück des ersten Frosches, worin das des zweiten?
3. Lebt der eine besser als der andere? Woher wissen die Frösche, was ein glückliches Leben ist?
4. Hätte der zweite Frosch lieber auf den ersten hören sollen?

Zum Bild
1. Betrachtet das Bild, ohne die Fabel gelesen zu haben. Worum geht es?
2. Setzt dem Frosch auf der Straße einen Gedankenleser auf den Kopf und schreibt eine Geschichte seiner Gedanken.

Mögliche Weiterführung

Leitfragen für ein philosophisches Gespräch
1. Wann warst du das letzte Mal so richtig glücklich?
2. Ist glücklich sein etwas anderes als zufrieden sein?
3. Wann hattest du das letzte Mal Glück?
4. Kann man „Glück" machen?
5. Bist du glücklich, wenn du etwas erreicht hast, was du schon immer machen wolltest?
6. Ist es „Glück", wenn du eine 1 in Mathe hast?
7. Glaubst du an Glückssteine? Wie kommt das Glück in die Steine?
8. Können Steine / Gräser, Kühe glücklich sein? Diskutiert und begründet.

Malt ein Bild: Wie sieht ein Glücksstein im Gegensatz zu einem normalen Stein aus?

Baut ein Begriffsmolekül zum Begriff „Glück".

Was darf ich hoffen?
Die Welle und das Ufer
(Pestalozzi)

Das Ufer sagte zur Welle: „Warum beschädigst du mich?"
Die Welle antwortete: „Die Gewalt meines Stromes wirft mich zu meinem eigenen Verderben an dich hin."

Die Welle und das Ufer – Methodische Hinweise
Über die Zukunft nachdenken

Einleitung

Um über die Zukunft nachdenken zu können, muss man wissen, in welchen Lebensumständen man sich befindet. Erst daraus ergibt sich, welche Möglichkeiten man hat, sein Leben jetzt und in Zukunft führen zu können. Dabei ist es nicht ganz unerheblich zu wissen, ob man frei in seinem Tun ist oder ob das Leben in gewissen Bahnen bereits entschieden ist. Wieviel Chancen hätte man dann noch, sein Leben zu ändern?

Mögliche Arbeitsaufträge zur Einführung

Zur Geschichte
1. Lest die Fabel vor.
2. Welches Problem haben Ufer und Welle miteinander?
3. Warum beschädigt die Welle das Ufer?
4. Hat das Ufer eine Möglichkeit, der Welle zu entgehen?
5. Übertragt die Fabel von der Welle und dem Ufer auf zwei Tiere. Erzählt eure Fabel.

Zum Bild
1. Betrachtet das Bild sorgfältig und beschreibt genau, was ihr seht. Versucht dabei nicht zu sagen, was das Bild bedeutet oder was ihr fühlt.
2. Jetzt sagt, was ihr fühlt und was das Bild bedeutet.
3. Habt ihr mit einem der Tiere Mitleid? Warum mit einem und nicht mit dem anderen. Begründet.
4. Warum fressen Panther Hasen?
5. Woher weiß der Panther, dass Hasen seine Nahrung sind?
6. Hat der Panther / der Hase eine Wahl? Welche? Begründet und diskutiert.
7. Was hat das Bild mit der Fabel von der „Welle und dem Ufer" zu tun?

Mögliche Weiterführung

Leitfragen zum philosophischen Gespräch
1. Wodurch ist dein Leben, so wie es im Moment ist, bestimmt?
2. Welche Möglichkeiten hast du, zu bestimmen, wie du leben möchtest?
3. Kannst du tun, was du möchtest?
4. Glaubst du, dass du glücklicher wärest, wenn du alles tun würdest, was du möchtest?
5. Weiß jemand besser als du, wie du leben solltest? Kann es jemanden geben. Wen? Diskutiert.
6. Können Menschen in die Zukunft von anderen sehen?

Malt ein Bild zu „Welle und Ufer". Wie würde es aussehen, wenn die Welle oder das Ufer frei wählen könnten?

Was darf ich hoffen?
Der Tiger, der die Elefanten um Hilfe bat
(Paarmann)

Ein Tiger, der von den Menschen gejagt wurde, bat um Schutz bei einer Herde Elefanten. „Was hast du ausgefressen?", fragte ihn der Leitbulle. „Ich habe eines ihrer Kinder gerissen. Die Menschen werden mich töten, wenn du mir nicht hilfst." „Wir verabscheuen Gewalt", sagte der Elefant, „Du aber hast getötet." „Ich töte, weil Gott es so bestimmt. Dir ist eben bestimmt, friedvoll zu sein", antwortete der Tiger. Der Elefant legte seinen kräftigen Rüssel um den Leib des Tigers und hob ihn in die Höhe. „Du irrst dich, Raubkatze, wir haben ein friedvolles Wesen, weil es Gott gefällt und nicht, weil er es befiehlt. Also, spitz deine Ohren! Ich könnte dich jetzt an dem Felsen dort zerschmettern. Aber ich werde es nicht tun, wie ich dir auch nicht helfen werde." Somit setzte er den Tiger wieder auf den Boden und die Herde zog in aller Ruhe weiter.

Der Tiger und die Elefanten – Methodische Hinweise
Was ich von anderen Menschen erwarte

Einleitung

In dem Umgang mit anderen haben wir uns auf bestimmte Umgangsformen geeinigt. Freundlichkeit, Achtung und Respekt sehen wir als besondere Werte an. Aber warum eigentlich? Wann stoßen diese Werte an ihre Grenze? Muss man wirklich immer helfen? Wozu brauchen wir Werte?

Mögliche Arbeitsaufträge zur Einführung

Zur Geschichte

1. Worum geht es in der Fabel?
2. Hätte der Elefant dem Tiger helfen sollen?
3. Welche Argumente hat der Tiger für sein Verhalten den Menschen gegenüber? Prüft die Argumente.
4. Welche Argumente hat der Elefant dafür, dass er dem Tiger nicht hilft. Prüft seine Argumente. Diskutiert.
5. Wie sieht es im Kopf des Tigers aus, als die Elefantenherde weiterzieht? Malt ein Bild.

Zum Bild

1. Tiger und Elefant auf dem Bild sehen nicht sehr glücklich aus. Wie erklärst du dir das?
2. Der Tiger hat ein Stück Fleisch im Maul, der Elefant ist nicht verletzt. Was ist gerade vorher passiert? Denke dir eine passende Geschichte aus.

Mögliche Weiterführung

Leitfragen zum philosophischen Gespräch

1. Wann hast du das letzte Mal jemandem geholfen? Berichte.
2. Hast du schon einmal jemandem geholfen, den du nicht kennst? Warum, warum nicht?
3. Wie sähe die Welt aus, wenn Tiere sie regieren würden?
4. Wie sähe die Welt aus, wenn Kinder sie regieren würden?
5. Überlegt euch eine Partei, die ihr gern gründen würdet. Wie sähe euer Wahlkampf aus. Spielt doch einmal „Wahlkampf".

Schreibt eine Fabel. Überlegt euch eine Situation, in der der Elefant dem Tiger hätte helfen müssen. Wer mag, liest seine Geschichte laut vor.

Was ist der Mensch?
Der Stier und die Wildziegen
(Aesop)

Der Stier wurde von dem Löwen verfolgt und flüchtete sich in eine Höhle, in der sich Wildziegen befanden. Als die ihn mit den Füßen und den Hörnern stießen, sagte der Stier:
„All das ertrage ich nicht aus Furcht vor euch, sondern aus Furcht vor dem, der draußen vor der Höhle steht."

Der Stier und die Wildziegen – Methodische Hinweise
Wer ich bin und was ich kann

Einleitung
Gefühle wie Angst, Wut, Mut, Liebe und Zuneigung gehören zum Menschen und machen ihn aus. Dennoch ist es manchmal schwer, die Gefühle zu verstehen und darüber zu sprechen.

Mögliche Arbeitsaufträge zur Einführung

Zur Geschichte
1. Lest die Fabel laut vor.
2. Findet eine Überschrift für die Fabel.
3. Warum erträgt der Stier die Angriffe der Ziegen?
4. Warum greifen die Ziegen den Stier an?
5. Könnten die Ziegen sich auch anders verhalten?
6. Um welche Gefühle geht es hier: Sammelt sie und schreibt sie auf ein Kärtchen. Versucht jedes Gefühl so genau wie möglich zu beschreiben.
7. Malt ein Bild zu jedem Gefühl.

Zum Bild
1. Betrachtet das Bild vom Stier und den Wildziegen, ohne vorher die Fabel zu lesen.
2. Woran kann man erkennen, dass jemand Angst, Wut oder Furcht hat?
3. Was könnte vor einer halben Stunde passiert sein? Malt ein Bild davon.
4. Wie sähe das Bild aus, wenn alle Tiere friedlich und glücklich wären?

Mögliche Weiterführung

Leitfragen zum philosophischen Gespräch
1. Welche Gefühle kennst du? Welche Merkmale gehören zu den Gefühlen?
2. Kann man alle Gefühle sehen? Diskutiert.
3. Ärgerst du dich auch manchmal, dass du Angst, Wut, Furcht hast? Wann war es das letzte Mal so? Berichte.
4. Was wäre, wenn wir keine Gefühle hätten?
5. Haben Steine Gefühle? Können Blumen glücklich sein?

Baut ein Begriffsmolekül zu „Gefühl".

Stellt ein Denkmal zu den Gefühlen Wut / Furcht / Mut / Angst / Glück / Liebe dar. Schaut auf Seite 18 wie das gemacht werden kann.

Schreibt ein Gedicht. Schaut auf Seite 19 wie man es machen kann. Thema für das Gedicht „Wenn ich mich nicht freuen könnte".

Was ist der Mensch?
Die beiden Hunde
(Aesop)

Jemand hatte zwei Hunde, von denen richtete er den einen für die Jagd, den anderen für das Haus ab. Und immer, wenn der Jagdhund zur Jagd unterwegs gewesen war und etwas mitgebracht hatte, warf der Herr ein Stück davon auch dem anderen Hund hin. Das ärgerte den Jagdhund, und er schalt den zweiten deswegen, dass er selber hinaus müsse und sehr viel auszustehen habe, während der andere nichts tue und von seinen, des ersteren, Mühen ein gutes Leben habe. Doch der Haushund erwiderte: „Nicht mich musst du tadeln, sondern den Herrn, der mich nicht dazu erzogen hat, selber zu arbeiten, sondern dazu, von der Arbeit anderer zu leben."

Die zwei Hunde – Methodische Hinweise
Warum ich anders bin als andere

Einleitung
Menschen sehen verschieden aus, sprechen verschiedene Sprachen, leben in verschiedenen Teilen der Welt, haben verschiedene Fähigkeiten und haben verschiedene Aufgaben. Wie sehen aber diese Unterschiede aus? Wäre es nicht besser, wenn alle gleich wären und alle die gleichen Aufgaben hätten?

Mögliche Arbeitsaufträge zur Einführung

Zur Geschichte
1. Lest die Fabel mit verteilten Rollen: Haushund / Jagdhund / Hundebesitzer...
2. Warum ärgert sich der Jagdhund?
3. Wie geht es deines Erachtens dem Haushund? Mag er seine Rolle?
4. Meinst du, der Jagdhund wäre gern ein Haushund geworden?
5. Was sind die typischen Eigenschaften eines Haushundes / eines Jagdhundes?
6. Der Haushund rechtfertigt sich damit, dass er sich seine Rolle nicht aussuchen konnte. Kennst du andere Beispiele, von Menschen, die sich ihre Rolle nicht aussuchen konnten?

Zum Bild
1. Betrachtet das Bild. Lasst euch Zeit. Beschreibt genau, was ihr seht.
2. Worum geht es in dem Bild? Mögen sich die beiden? Warum? / Warum nicht?
3. Stellt euch vor, es wäre eine halbe Stunde vergangen. Wie könnte es weitergehen? Malt ein Bild von den Hunden.
4. Setzt den Hunden einen Gedankenleser auf den Kopf. Malt ein Bild von ihren Gedanken.

Mögliche Weiterführung

Leitfragen für ein philosophisches Gespräch
1. Wodurch unterscheiden sich Menschen von Tieren / Steinen / Apfelbäumen?
2. Wodurch unterscheiden sich Menschen?
3. Was wäre, wenn alle Menschen gleich wären?
4. Was magst du gern? Was mag deine Mutter gern? Was mag dein Vater?
5. Was wäre, wenn alle Menschen den gleichen Geschmack hätten?
6. Wem gleichst du? Wer ist ganz anders als du? Beschreibe.

Was ist der Mensch?
Vom Tiger unter den Schafen
(Fabel aus dem Hinduismus)[19]

Eine trächtige Tigerin sprang eine Schafherde an. Durch die Anstrengung gebar sie. Sie selbst aber starb vor Hunger und Entkräftung. Das Tigerjunge blieb mutterlos zurück, wurde aber von den Schafen versorgt und wuchs innerhalb der Schafherde auf. Es lernte Gras fressen wie die Schafe und blöken wie die Schafe, und es glaubte, selbst ein Schaf zu sein, obwohl es wie ein Tiger aussah und mit der Zeit sich zu einem ausgewachsenen Tiger entwickelt hatte. Eines Tages nun erschien ein alter Tiger auf der Suche nach Beute und brach in die Schafherde ein. Er war erstaunt, mitten unter Schafen einen jungen Tiger zu sehen, der mit den Schafen vor ihm floh. Da wartete er, bis er seinen Artgenossen schlafend fand. Er weckte ihn und sprach: „Du bist ein Tiger, du gehörst zu mir." Aber sein Gegenüber blökte ihn nur angstvoll an. Da trieb ihn der Tiger hinunter an einen kristallklaren Bergsee, ließ ihn hineinschauen und sagte: „Sieh mein Spiegelbild und sieh dein Spiegelbild." Da sah der Schaf-Tiger zweimal genau das gleiche Gesicht vor sich im Wasser, das Gesicht eines Tigers. Und mit Urgewalt stieg eine Erkenntnis in ihm auf. Er fing an zu brüllen wie ein richtiger Tiger. Augenblicklich war ihm bewusst geworden, dass er nicht ein Schaf, sondern ein Tiger war. Und er zog mit dem älteren Tiger in den Wald.

Vom Tiger unter den Schafen – Methodische Hinweise
Gleich und doch verschieden

Einleitung

Bevor man sich entscheiden kann, was man einmal werden möchte im Leben, muss man erst einmal erkennen, wer man eigentlich ist. Man muss herausfinden, welche besonderen Fähigkeiten man hat, welche Neigungen und Vorlieben. Wie möchte man sich gern kleiden? Was passt zu einem?

Mögliche Arbeitsaufträge zur Einführung

Zur Geschichte
1. Lest die Geschichte laut vor.
2. Welche Tiere spielen in der Fabel eine Rolle.
3. Notiert die Rollen auf Kärtchen. Welches Tier möchtet ihr gern sein? Überlegt euch zu jedem Tier einen Text. Spielt eure Version von der Fabel den anderen Kindern vor. Diskutiert eure Theaterstücke.
4. Was wäre passiert, wenn der alte Tiger nicht vorbeigekommen wäre?

Zum Bild
1. Betrachtet das Bild genau. Lasst euch Zeit. Beschreibt, was ihr seht.
2. Setzt dem „Schaf-Tiger" einen Gedankenleser auf den Kopf und malt ein Bild seiner Gedanken, wie sie in diesem Moment, der auf dem Bild zu sehen ist, aussehen.

Mögliche Weiterführung

Schreibt ein Gedicht. Schaut auf Seite 19 wie es gemacht wird.
Thema: Ich bin ich.

Leitfragen für ein philosophisches Gespräch
1. Woher weißt du, wer du bist?
2. Gibt es jemanden, der besser als du weiß, wer du bist?
3. Was ist normal für dich?
4. In der „Fabel vom Tiger, der unter den Schafen lebt" geht der junge Tiger mit dem alten Tiger fort und verlässt damit „seine" Familie. Warum geht er fort? War er nicht glücklich? Wird er nun glücklich werden? Diskutiert und begründet.

Malt ein Bild der Gedanken des Tigers, wie er eine Woche später ein Schaf seiner Familie wieder trifft.

Was ist der Mensch?
Wie die Schildkröte ihren Panzer bekam
(nach Aesop)

Zeus lud alle Tiere zu seiner Hochzeit ein. Nur die Schildkröte kam nicht. Zeus konnte sich nicht erklären warum. Am nächsten Tag fragte er sie, warum sie nicht gekommen sei. „Es gibt keinen Ort, der so ist wie zu Hause", antwortete die Schildkröte – eine Antwort, die Zeus so ärgerte, dass er dafür sorgte, dass sie von nun an ihr Haus auf ihrem Rücken tragen musste.

Wie die Schildkröte ihren Panzer bekam – Methodische Hinweise
Mit anderen Menschen zusammenleben

Einleitung

Mit anderen Menschen zusammenleben, ist nicht immer einfach. Man muss Rücksicht nehmen, kann nicht immer alles tun, was man gerade möchte. Aus Respekt dem anderen gegenüber, muss man auf seine eigene Bequemlichkeit verzichten. Damit wir besser zusammenleben können, haben wir entschieden, dass alle Menschen am besten: tolerant, respektvoll, höflich, gastfreundlich… miteinander umgehen sollten. Aber wie macht man das? Wer sagt einem, wann man so sein sollte? Und muss man wirklich immer so sein?

Mögliche Arbeitsaufträge zur Einführung

Zur Geschichte
1. Lest die Fabel laut vor.
2. Warum kam die Schildkröte nicht zum Fest?
3. Warum ist Zeus, ein griechischer Gott, verärgert?
4. Welche Gründe, Argumente sprechen für das Verhalten der Schildkröte? Welche sprechen für das Verhalten von Zeus?

Zum Bild
1. Betrachtet das Bild genau. Beschreibt was ihr seht.
2. Malt ein Bild von den Gedanken der Schildkröte.

Mögliche Weiterführung

Leitfragen für ein philosophisches Gespräch
1. Warst du schon einmal in der gleichen Situation wie die Schildkröte? Berichte.
2. Welche Regeln kennst du? Wozu dienen sie?
3. Was wäre, wenn wir ohne Respekt, Gastfreundschaft etc. leben würden? Beschreibt genau. Diskutiert.
4. Was glaubst du, wäre die Schildkröte gekommen, wenn sie gewusst hätte, dass Zeus sie bestrafen wird? Braucht man Strafen, damit man freundlich und respektvoll miteinander ist. Brauchen wir Gefängnisse? Diskutiert.

Macht ein Rollenspiel: Stellt euch vor, ihr seid auf einer Insel gelandet, nur ihr Kinder, ohne Erwachsene. Was würdet ihr dort tun? Wie würdet ihr euer Leben organisieren? Diskutiert im Plenum eure Ergebnisse.

Anmerkungen und Bibliographie

1 Brüning, B.: Grundlagen und Konzepte für das Philosophieren in der Primarstufe. – In: Rostocker philosophische Manuskripte. Heft 7. Hrsg. Von Heiner Hastedt und Christian Thies. Rostock 1999. Seite 11.

2 Cassirer, E.: Philosophie der Symbolischen Formen. II. 8. unveränd. Auflage, Darmstadt 1987.
Cassirer, E.: Philosophie der Symbolischen Formen. – I. – Darmstadt 1994.
Cassirer, Ernst: Wesen und Wirkung des Symbolbegriffs. – 7. unveränderte Auflage 1983.

3 Ricoeur, Paul: Die lebendige Metapher. – München 1986

4 Vgl. Aristoteles: Rhetorik. – (übersetzt und herausgegeben von Franz G. Sieveke), München 1995. Seite 195.

5 In der amerikanischen Zeitschrift zur Philosophie „Thinking" stellt G. B. Matthews in der Kolumne „Thinking in Stories" regelmäßig Geschichten vor, die sich zum Philosophieren mit Kindern eignen. In seinem Artikel „The philosophical Imagination in Children's Literature" fasst er die Eigenschaften von Geschichten zusammen, die das Kind zum Philosophieren anregen und es in seinem Denken ernstnehmen. In: Thinking. – Vol. X Montclair 1992.

6 Vgl. auch Brüning, B.: Wer ist ein Narr, in: Martens, E u. H. Schreier: Philosophieren mit Schulkindern. – Heinsberg 1994

7 Lipman, M. u. A. M. Sharp: Writing: How and why?- New Jersey 1980.

8 Siehe auch: Calvert, Kristina: Kinder besuchen die Kunsthalle. – Philosophieren über Ernst Wilhelm Nay und Alberto Giacometti. – München 1999. Seite 43-44. Calvert, K., Bauer, J. und Gefert, Ch.: Philosophische Potenziale präsentativer Ausdrucksformen. In: Schnittmengen ästhetischer Bildung. Zwischen Künsten, Medien, Wissenschaften und ihrer Didaktik. – München 2000. Seite 79-92.

9 Berger, John u.a.: Sehen. Das Bild der Welt in der Bilderwelt. – Hamburg 1992. S. 7.

10 Langer, S.: Philosophie auf neuen Wegen. – Frankfurt am Main 1984.

11 Lichtwark, A.: Übungen in der Betrachtung von Kunstwerken. – Nach Versuchen mit einer Schulklasse, herausgegeben von der Lehrervereinigung zur Pflege der künstlerischen Bildung. – Zweite Auflage 1902, Hamburg 1986.

12 Lichtwark, Ebenda Seite 29 ff.

13 Lichtwark, Ebenda Seite 31.

14 Die letzten drei Thesen stammen aus den 1996 erschienenen Rostocker Philosophischen Manuskripten. Philosophieren mit Kindern.

15 Calvert, K.: Die Vergiss-mich-Nüsse. Oder Philosophieren tritt auf die Bühne. – München Dezember 2000.

16 Grotowski, Jerzy: Für ein armes Theater. Vorwort von Peter Brook. Berlin 1994. Seite 154.

17 Siehe auch: Langer, S.: Philosophie auf neuem Wege. Das Symbol im Denken, im Ritus und in der Kunst, 2. Auflage, Mittenwald. 1979.

18 Calvert, K. u. Jochen Bauer: Philosophieren mit Kindern und hypermedia. ZDPE 3/99.

19 Bätz, K. u.a.: Hinduismus. Materialien für Schule und Erwachsenenbildung. – Zürich, Köln 1980, gekürzt.

Aesop. Fables of Aesop. A new translation by S.A. Handford. With Illustrations by Brian Robb. – Harmondsworth 1954. Seite 101. Übers. aus dem Engl. Kristina Calvert.

Antike Fabeln. – Berlin 1999.

Pestalozzi, Johann Heinrich: Fabeln. – Zürich 1992.

Paarmann, Jens: Fabel vom Löwen, der sich an der Zeit bereichern wollte. Manuskript im Eigentum des Autors.

Biographien

Dr. phil. Kristina Calvert, Jahrgang 1961. Leidenschaftliche Lehrerin, Forscherin und Mutter von Zwillingen. Seit 10 Jahren Leitung philosophischer Gespräche an Grundschulen, u.a. im Auftrag der Schulbehörde HH und in der Begabtenförderung, Beratungsstelle besondere Begabung. Mitarbeiterin im Arbeitskreis „Philosophieren mit Kindern", Universität und Studienseminar Hamburg. Zwei Stipendien: 1. Förderung wissenschaftlichen Nachwuchses, Universität Hamburg. 2. Stipendiatin im Graduiertenkolleg Ästhetische Bildung, Uni. HH. Forschungsschwerpunkt: Präsentative Symbole als Basis philosophischer Gespräche in der Grundschule. Dozentin am Institut für Lehrerfortbildung in Hamburg und Mainz. Ethikpreis des Ev. Sonntagsblattes, Veröffentlichungen u.a. in

Fachzeitschriften:

Calvert, K.: Die Vergiss-mich-Nüsse. Philosophieren tritt auf die Bühne. – Dezember 2000 München.

Calvert, K.: Philosophieren mit Bildern. – München November 2000.

Calvert, K.: Kinder besuchen die Kunsthalle. Philosophieren über Ernst Wilhelm Nay und Alberto Giacometti. – Grundschulmagazin München 7-8 / 99.

Calvert, K.: Kinder philosophieren über die Zeit. – Kann es Zeitmaschinen geben? In: Grundschulmagazin. München 12 / 99.

Calvert, K.: Philosophieren in der Verlässlichen Halbtagsgrundschule, Bd. 2. Hrsg. v. Amt für Schule. – Hamburg 1999.

Calvert, K. u. Jochen Bauer: Philosophieren mit Kindern und hypermedia. – ZDPE 3 / 99.

Calvert, K. und Baltes, M.: Philosophieren mit Fabeln. Steckt die Wahrheit im Tierwanst? In: 100. Europäische Kinder denken gemeinsam. – 1998. Seite 6-7.

Calvert, K.: Mein Veilchen ist keine Plastikblume. Kinder philosophieren über ethische Werte. – In: Grundschulmagazin München 2 / 98. Seite 37-38.

Calvert, K.: Philosophieren als Symbolisieren. PAU. Europäische Arbeitshefte 1999 / 2000.

Calvert, K.: Philosophieren mit Kindern in der Grundschule – Hamburg ist auf dem Weg. – In: Rostocker Philosophische Manuskripte. Universität Rostock 7 / 1999. Seite 51-65.

Calvert, K.: Philosophische Gespräche mit Kindern über Wörter, über Moral und Identität. In: Philosophieren in der Verlässlichen Halbtagsgrundschule. Hrsg. v. Amt für Schule, Hamburg 1998. Seite 18-34.

Calvert-Paarmann, K., B. Ebbinghaus u. H. Schreier: Kinder philosophieren phantastisch. – In: Die Grundschulzeitschrift. Sammelband Ästhetische Erziehung II. – Seelze 1998. Reprint von 1989.

Calvert-Paarmann, K. und M. Ratke: „Nochmal: Das Schiff des Theseus. – Zeitschrift für die Didaktik der Philosophie. 1 / 1991.

Fachbücher und Lehrbücher

Calvert, K.: Mit Metaphern philosophieren. Sprachlich-präsentative Symbole beim Philosophieren mit Kindern in der Grundschule. – München 2000.

Calvert, K., Bauer, J., Gefert, Chr.: Philosophische Potenziale präsentativer Ausdrucksformen. In: Schnittmengen der Ästhetik. – München 2000.

Calvert, K. u. Baltes, M.: Philosophieren mit Fabeln. Theoretische und methodische Anknüpfungspunkte zwischen dem „Philosophieren mit Kindern" und der traditionsreichen Textgattung „Fabel" In: Sprichwort, Rätsel und Fabel im Deutschunterricht. Geschichte, Theorie und Didaktik einfacher Formen. Hrsg. v. J. S. Hohmann. – Frankfurt am Main 1999.

Calvert, K.: Kapitel „Angst" und Kapitel „Gott" In: Philosophieren mit Kindern Klasse 7 / 8. Ein Lehrbuch in Landesausgabe. Leipzig 2000.

Calvert, K.: „Die Seele ist das Innere vom Denken". Philosophieren mit präsentativen Symbolen in der Grundschule. – In: Ästhetik des Kindes. Hrsg. v. N. Neuss. – 1999.

Charles Calvert, Brite, Jahrgang 1965. Studierte Kunst und Design in Liverpool und Blackpool, England. Higher National Diploma in Illustration & Design.
Seit 14 Jahren tätig als Künstler, Illustrator, Designer (u.a. Graphic- und Packaging) seit 4 Jahren zusätzlich tätig als Zwillingsvater. Lebt seit 12 Jahren als Designer und Illustrator in Hamburg.
Leidenschaften (aktiv und passiv): Familie, Fußball, Fotografie, Theater, Literatur, Dialekte, Philosophie und Single Malt Whisky.

Philosophieren mit Kindern

HELMUT SCHREIER
Himmel, Erde und ich
Geschichten zum Nachdenken über den Sinn des Lebens,
den Wert der Dinge und die Erkenntnis der Welt. 1993.
160 S. mit Abbildungen, kart. DM 28,– Best.-Nr.: 110 207
Begleitbuch dazu:
Über das Philosophieren mit Geschichten für Kinder und Jugendliche.
Fragen, Antworten und noch mehr Fragen auf der Suche
nach Zeichen im Labyrinth der Existenz. Helmut Schreier.
1993. 72 Seiten, kart. DM 18,– Best.-Nr.: 110 208

HELMUT SCHREIER (Hrsg.)
Mit Kindern über Natur philosophieren
1997. 192 Seiten, kart. DM 32,– Best.-Nr.: 110 166

STEPHAN ENGLHART
Modelle und Perspektiven der Kinderphilosophie
1997. 200 Seiten, kart. DM 32,– Best.-Nr.: 110 422

ALEXANDER ENGELBRECHT
Können Blumen glücklich sein?
Einführung in das Philosophieren mit Kindern.
1997. 96 Seiten, kart. DM 18,– Best.-Nr.: 110 167

EKKEHARD MARTENS / HELMUT SCHREIER (Hrsg.)
Philosophieren mit Schulkindern
Philosophie und Ethik in Grundschule und Sekundar-
stufe I. Begründungen, Formen, Praxiszugänge.
1994, 256 Seiten, kart. DM 48,– Best.-Nr.: 110 209

Dieck-Verlag
Alleinvertrieb: Buchhandlung Elke Dieck, Richard-Wagner-Str. 1, D-52525 Heinsberg,
Tel. 0 24 52 / 60 41, Fax 0 24 52 / 6 65 94, e-mail: agentur-dieck@t-online.de, www.dieckbuch.de
Preise nach dem Stand vom November 2000. Preisänderungen und Irrtum vorbehalten.
www.dieckbuch.de